Raphaëlle Giordano

AF286338

FINDE DEIN Glück

DAS KLEINE GLÜCKS-ABC

HEEL

Inhalt

Einleitung

Träumen Sie von mehr Freude und Leichtigkeit? Davon, dass Ihnen Sorgen nichts anhaben und Sie das Leben in vollen Zügen genießen können?

Mit diesem Buch können Sie Ihren Traum wahr werden lassen. Es hat die Macht, **Ihrer Begabung für das große Glück ein wenig auf die Sprünge zu helfen**.

Es birgt kostbare Geheimnisse, die Ihnen den **Zauber des Wandels** verraten: die Kunst, aus kleinen Veränderungen eine große Bereicherung für Ihr Leben zu machen!

Für jeden Buchstaben im Alphabet sind **„Weisheiten"** verzeichnet, Schlüsselbegriffe zum Nachdenken. Sie bewirken einen **individuellen Gedankenprozess,** der Sie in drei Schritten zum Ziel bringt:

SELBSTBEOBACHTUNG, INFRAGE STELLEN, HANDELN!

Dieses Buch wird Ihr ganz persönlicher **Wegbegleiter**, der Sie Schritt für Schritt zu einem voll und ganz **erfüllten Leben** führt.

Vergessen Sie nicht: **Das Glück ist in Ihnen!** Sie haben die Macht, in jedem einzelnen Moment darauf zuzugreifen.

Dieses Buch zeigt Ihnen, wie es geht.

Viel Erfolg!

PS: Haben Sie keine Scheu, mit einem Textmarker Begriffe zu unterstreichen, die eine besondere Bedeutung für Sie haben!

Glück-o-meter

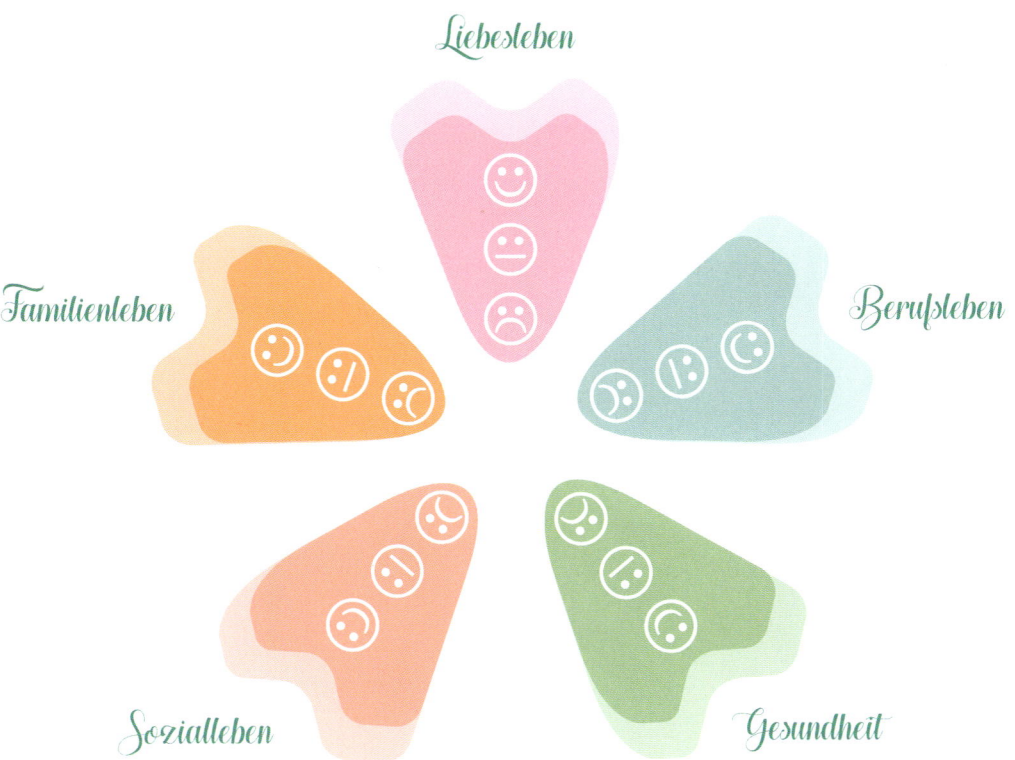

Bewerten Sie die unterschiedlichen Bereiche in Ihrem Leben und werden Sie sich bewusst, an welchen Punkten Sie arbeiten möchten. Kreisen Sie jeweils den Smiley ein, der Ihrer Zufriedenheit am ehesten entspricht.

A - B

Achtsamkeit

Über Vergangenem nachgrübeln oder sich um die Zukunft sorgen … So erhält man sich ständigen Frust und Leidensdruck! Was wäre, wenn Sie stattdessen einfach im Hier und Jetzt leben und sich voll darauf konzentrieren?

Gleich jetzt?

Kommen Sie in diesem Augenblick an.

Bleiben Sie mit allen fünf Sinnen ganz wach: so fällt es Ihnen leichter den Moment jetzt und hier wahrzunehmen … Beobachten Sie Ihre Bewegungen, unter der Dusche, beim Halten der Gabel, beim Gehen …

Genau in diesem Augenblick:

- **Spüren Sie Ihren Atem?**
- **Nehmen Sie die Geräusch wahr, die Sie umgeben?**
- **Fallen Ihnen kleine Details auf, die Sie sehen?**
- **Wie fühlen sich die Dinge an, die Sie berühren?**

Was bringt es Ihnen, diesen Augenblick ganz bewusst wahrzunehmen?

....

....

....

....

....

....

....

....

Akzeptanz

Sie leiden weniger unter den Unwägbarkeiten des Lebens, wenn Sie die Spielregeln einfach akzeptieren: Es gibt im Leben genauso viele glückliche wie traurige Ereignisse. Gute und schlechte Zeiten. Um das Leben in vollen Zügen zu genießen, muss man auch die weniger schönen Momente annehmen und seine Einstellung dazu ändern.

Lassen Sie sich darauf ein zu sagen: „Ja, so ist es."

Warum versuchen Sie nicht, nach der Philosophie von Arnaud Desjardins zu leben: „Nehmen Sie alles, was Ihnen begegnet, als eine Herausforderung, als eine Gelegenheit an."

EINE KLEINE DOSIS WEISHEIT FÜR EINEN GUTEN START IN DEN TAG:

„Man gebe mir die Gelassenheit, Dinge hinzunehmen,
die ich nicht ändern kann,
den Mut, Dinge zu ändern, die ich ändern kann,
und die Weisheit, das eine vom anderen zu unterscheiden."

Zu was inspirieren Sie diese Linien?

....

....

....

....

....

....

....

....

Alltag

Schätzen Sie Ihre täglichen Aufgaben: Sie geben Ihrem Alltag einen Sinn, eine Struktur, sie setzen einen Anfang und ein Ende. Jedes Mal, wenn Sie auf die lästige Arbeit schimpfen, erinnern Sie sich daran, dass sie ganz im Gegenteil eine heilsame Wirkung hat. Besser, Sie haben etwas zu tun, als dass Sie den ganzen Tag nur grübeln!

Was gibt es Schlimmeres, als keine Aufgabe zu haben?

Erst wenn es nichts mehr gibt, um das man sich kümmern kann, wird einem klar, wie kostbar und sinnstiftend diese kleinen Aufgaben waren …

Sammeln Sie hier alle Vorzüge Ihrer täglichen Aufgaben:

....

....

....

....

....

....

....

....

....

Anerkennung

Jeder Mensch braucht **Anerkennung**. Aber warum bekommt man dann so wenig? Ganz einfach: Die meisten Leute konzentrieren sich auf die Anerkennung, die Ihnen nicht entgegengebracht wird und grübeln über ihrem Frust, bis sie sich richtig ärgern. Wenn jeder damit beginnen würde, ein Zeichen der Anerkennung zu geben, würde sich alles ändern. Einige denken auch, dass nette Worte unnötig sind. Dabei ist es ganz entscheidend, sich **nette Dinge zu SAGEN** und nicht nur zu denken.

PROBIEREN SIE ES AUS! SCHENKEN SIE DEN MENSCHEN IN IHREM UMFELD ANERKENNUNG UND NEHMEN SIE WAHR, WIE SICH DIE STIMMUNG UND DAS VERHALTEN ÄNDERN (ES IST ZAUBEREI!).

- **„Ich habe dir noch gar nicht oft genug gesagt, wie toll ich es finde, was du für die Familie machst ..."**
- **„Ich bewundere, wie beherzt du deine Arbeit angehst ..."**
- **„Es ist großartig, was du für die Kinder machst ..."**
- **„Vielen Dank für das Essen. Du hast dir wirklich Mühe gegeben ..."**
- **„Ich habe gesehen, was du heute im Haushalt geschafft hast, und ich bin dir sehr dankbar dafür!"**

Jetzt sind Sie dran:

....

....

....

....

....

....

Atmung

Die Atmung ist eines Ihrer stärksten Werkzeuge, um äußeren Ereignissen mit Ruhe und Gelassenheit zu begegnen. Nehmen Sie Ihre Atmung mehrmals am Tag ganz bewusst wahr: Schließen Sie die Augen, atmen Sie langsam durch die Nase ein und zählen Sie dabei bis sechs. Machen Sie eine Atempause und zählen Sie bis zwei. Dann lassen Sie die Luft langsam und geräuschlos ausströmen und zählen dabei bis acht.

Sie können **„beruhigende Worte einatmen"**, wie „Frieden", „Liebe", „Güte" oder auch **kraftspendende Farben:** Wenn die Farbe Blau Sie zur Ruhe kommen lässt, können Sie sich in der Einatmung zum Beispiel blaue Luftwirbel vorstellen.

Das Geheimnis einer guten Atmung liegt in der Ausatmung!

Indem Sie richtig ausatmen, befreien Sie Ihre Lungen von der alten verbrauchten Luft und schaffen Platz für frische.

In welchen Situationen hat Ihnen Ihre Atmung geholfen, Schwierigkeiten zu überwinden?

....

....

....

....

....

....

Aufmerksamkeiten

Es sind die kleinen Aufmerksamkeiten, die in einer Beziehung einen GROSSEN Unterschied machen.

Genauso wie in der Liebe: Um Liebe zu bekommen, muss man oft damit beginnen, sie zu geben. Und wenn Ihr Gegenüber keine Idee hat und nicht selbst die Initiative ergreift, zögern Sie nicht, ihm direkt zu sagen, was Ihnen gefallen würde: „Ich würde mich so sehr freuen, wenn du mir ab und zu Blumen schenken würdest!", oder: „Es wäre zauberhaft, wenn du mir das Frühstück ans Bett bringst!", …

Von welchen Aufmerksamkeiten träumen Sie und welche könnten Sie verteilen?

....

....

....

....

LASSEN SIE IHRER KREATIVITÄT FREIEN LAUF!

Sammeln Sie Ideen für kleine Aufmerksamkeiten:

- **Liebesbriefchen auf Post-its schreiben**
- **Ein Überraschungs-Dinner vorbereiten**
- **Ein kleines Geschenk ohne Anlass**
- **Eine lustige Nachricht aufs Handy schicken**
- **Ein ehrliches Kompliment machen**
- **Dem anderen eine nervige Arbeit abnehmen**

- **Andere Ideen:** ....

....

....

....

PASSEN SIE GUT AUF SICH AUF:
DAVON HABEN AUCH ALLE ANDEREN ETWAS.

Was können Sie machen, um gut für sich selbst zu sorgen?

- Gesünder essen
- Sich bewegen
- Sich nicht zu viele Gedanken machen
- Herausfinden, was Ihnen Energie gibt
- Nicht zu streng mit sich selbst sein
- Lernen, sich selbst etwas Gutes zu tun
- Sich selbst lieben und wertschätzen
- Andere Ideen: ....

....

....

Schreiben Sie alle Ihre Ideen auf, wie Sie gut auf sich achten können:

....

....

....

....

....

....

....

Aufwachen

Machen Sie ein Ritual aus den ersten Momenten des Aufwachens, um gut in den Tag zu starten: Stehen Sie nicht erst in allerletzter Sekunde auf. Genießen Sie einige Augenblicke die mollige Wärme in Ihrem Bett, strecken Sie sich, atmen Sie tief ein und aus.

Nehmen Sie den weichen Geschmack eines guten Kaffees und die tröstende Wärme der Dusche ganz bewusst wahr. Bleiben Sie achtsam: Lassen Sie sich Zeit, bevor Sie im Kopf das Programm für den Tag durchgehen!

Wie verbessern Sie Ihr Aufwach-Ritual?

....

....

....

....

❏ **Eine halbe Stunde früher aufstehen, um morgens mehr Zeit zu haben?**

❏ **Ein leckeres Frühstück einplanen?**

❏ **Eine Playlist zusammenstellen, die Sie mit guter Laune in den Tag starten lässt?**

❏ **Andere Ideen:** ....

....

....

....

Ausdauer

„Immer versucht. Immer gescheitert.
Einerlei.
Wieder versuchen. Wieder scheitern.
Besser scheitern."

Samuel Beckett

Glauben Sie wirklich, dass die Erfolgreichen ihr Ziel nur mit einem Fingerschnipsen gleich im ersten Anlauf erreicht haben?

Mit Sicherheit nicht. Sie haben hart gearbeitet, sich angestrengt, an sich geglaubt … und Ausdauer bewiesen!

Um ein Projekt zu Ende zu bringen, das Ihnen am Herzen liegt, stellen Sie sich die richtigen Fragen:

- **Haben Sie darauf geachtet, aus Ihren Fehlern zu lernen?** ❑ Ja ❑ Vielleicht ❑ Nein

- **Haben Sie darüber nachgedacht, was Sie besser machen könnten?** ❑ Ja ❑ Vielleicht ❑ Nein

- **Haben Sie bei mehreren Personen angeklopft?** ❑ Ja ❑ Vielleicht ❑ Nein

- **Haben Sie es mehrmals versucht?** ❑ Ja ❑ Vielleicht ❑ Nein

Beschreiben Sie das Projekt, das Ihre Ausdauer verdient:

....

....

....

....

Bedürfnisse

Wenn Sie Ihre eigenen Bedürfnisse kennen, können Sie besser Energie tanken.

Finden Sie heraus, welche Aktivitäten Ihnen guttun.

Notieren Sie Ihre Zufriedenheit mit den folgenden Aktivitäten, indem Sie einen bis fünf Sterne umkringeln:

- **Sport machen**   ★ ★ ★ ★ ★
- **Kreativ sein**   ★ ★ ★ ★ ★
- **Schreiben**   ★ ★ ★ ★ ★
- **Spielen**   ★ ★ ★ ★ ★
- **Tanzen**   ★ ★ ★ ★ ★
- **Leute treffen**   ★ ★ ★ ★ ★
- **Kochen**   ★ ★ ★ ★ ★
- **Heimwerkeln oder Gärtnern**   ★ ★ ★ ★ ★
- .... ★ ★ ★ ★ ★
- .... ★ ★ ★ ★ ★
- .... ★ ★ ★ ★ ★
- .... ★ ★ ★ ★ ★
- .... ★ ★ ★ ★ ★

Eigentlich wissen Sie was Ihnen guttut, aber Sie schaffen es nicht, es in die Tat umzusetzen?

Versuchen Sie herauszufinden, was Sie ausbremst:

• **Sie haben keine Zeit.**	❑ Richtig	❑ Falsch
• **Sie geben zu schnell auf.**	❑ Richtig	❑ Falsch
• **Sie haben Angst.**	❑ Richtig	❑ Falsch
• **Sie glauben, Sie können es nicht.**	❑ Richtig	❑ Falsch

Zeitproblem: Wie könnten Sie sich Termine freischaufeln und mehr Freizeit bekommen? Schaffen Sie es, Dinge zu delegieren?

Energieproblem: Fangen Sie damit an, jeden Tag ein bisschen mehr zu machen. Umso mehr man schafft, desto mehr Lust hat man daran. Schreiben Sie auf, wie bereichernd die Aktivitäten für Sie sind.

Angstproblem: Was ist unbequemer: aus Angst nichts zu unternehmen, oder sich der Angst zu stellen und dagegen anzugehen? Wer könnte Ihnen helfen und Sie unterstützen? Suchen Sie sich Verbündete.

Komplexproblem: Sie würden so gerne malen, kochen oder tanzen, aber Sie glauben, Sie sind unbegabt? Befreien Sie sich vom Blick der anderen, die kümmern sich mehr um sich selbst als um Sie. Konzentrieren Sie sich auf die Freude, die Sie empfinden, wenn Sie kreativ sind.

NICHT VERGESSEN:
IN DER KREATIVITÄT HABEN SELBSTKRITIK UND SELBSTKONTROLLE KEINEN PLATZ.
Das sind die größten Hemmer.
Geben Sie sich die wunderbare Erlaubnis: Lassen Sie los!

Begeisterung

Lassen Sie sich mal wieder begeistern! Das ist nicht immer einfach, wenn man in der Rolle des verantwortungsvollen Erwachsenen steckt und die Gebrauchs-anweisung zum Sich-gehen-lassen ein bisschen vergessen hat …
In diesem Punkt sind Kinder die besten Vorbilder! Nutzen Sie jede Gelegenheit, sie beim Spielen und Entdecken zu beobachten.

Wie finden Sie Ihre kindliche Begeisterungsfähigkeit wieder?

....

....

....

....

....

Machen Sie eine Liste mit Dingen, die Sie zum ersten Mal in Ihrem Leben tun könnten:

....

....

....

....

....

....

Behutsamkeit

Lernen Sie, behutsam mit sich umzugehen. Nehmen Sie sich immer wieder einen Augenblick Zeit dafür. Ihr Körper und Ihr Geist werden es Ihnen danken!

Umkreisen Sie die Vorschläge, die Ihnen am besten gefallen:

- Ein heißes Bad
- Der Blick auf eine schöne Landschaft
- Ein Moment der Ruhe ohne Trubel
- Eine Massage mit einer feuchtigkeitsspendenden Creme
- Einem lieben Menschen über den Kopf streichen
- Ein heißes Tuch auf die Stirn legen
- Eine ruhige Musik hören ...

Notieren Sie hier andere Ideen für kleine Auszeiten:

....

....

....

....

Bewegung

Wenn Sie schlechte Laune haben, **bringen Sie Ihren Körper in Bewegung:** Gehen Sie spazieren! Der gleichmäßige Rhythmus Ihrer Schritte wird Sie beruhigen. Achten Sie auch auf die Bewegung, die durch Ihren Atem entsteht, die einströmende Luft, die Sie belebt! Wenn Sie das Gefühl haben, in einer Situation blockiert zu sein, bleiben Sie nicht untätig, wie vor Schreck gelähmt.

Schreiben Sie wirklich alle Ideen auf, die Ihnen durch den Kopf gehen. Setzen Sie eine in die Tat um, ohne darüber zu grübeln, ob es die richtige ist: Das Wichtigste ist, mit etwas zu beginnen!

Auch eine kleine Aktion kann große Folgen haben ...

Was, wenn Sie die Initiative ergreifen? Sie könnten ...

- ❑ ... ein Abendessen organisieren.
- ❑ ... andere motivieren, mit Ihnen zum Sport zu gehen.
- ❑ ... den Besuch einer kulturellen Veranstaltung vorschlagen.
- ❑ Andere Ideen: ....

....

....

Welchen Gewinn ziehen Sie daraus, für andere die Initiative zu ergreifen?

....

....

....

....

....

Blickwinkel

Das ist die Geschichte vom Glas, das entweder halb voll oder halb leer ist. **Der Blick, den Sie auf Ereignisse werfen, ändert alles.** Haben Sie an manchen Tagen das Gefühl, alles ist grau und düster? Sie haben jederzeit **die Möglichkeit, das zu ändern!** Ganz einfach, indem Sie die Schönheit, die Liebe, die Kreativität, die Freude, den Frieden suchen – in sich und in allen Dingen …

Das Gute auch im vermeintlich Schlechten sehen … das ist möglich! Aus diesem Grund steht die Lotusblüte symbolisch für den Buddhismus: Sie zieht ihre Lebenskraft aus dem Schlamm und entfaltet ihre Blüten über dem Wasser … Sie können nicht verhindern, dass schlechte Ereignisse in Ihr Leben treten, aber Sie können den Blick verändern, den Sie darauf werfen.

SUCHEN SIE FÜR JEDE SITUATION IN IHREM LEBEN, DER SIE MIT NEGATIVEN GEFÜHLEN BEGEGNEN, MINDESTENS EINEN POSITIVEN ASPEKT.

Beispiel: Ihr Auto ist kaputt. ☹ Die Reparatur wird € 1.000 kosten …

☺ Toll! Ihr Auto wird hinterher wie neu sein.

☺ Das ist auf jeden Fall besser, als einen Unfall zu haben!

☺ Wenn Sie ein neues Auto hätten kaufen müssen, hätten Sie mit € 9.000 rechnen müssen.

☺ Und wenn das nun die Gelegenheit wäre, aufs Rad umzusteigen?

Jetzt sind Sie dran:

☹ ....

....

☺ ....

....

Persönliche Notizen

C - E

Charaktereigenschaften

Selbstachtung ist einer der Schlüssel für mehr Lebensfreude. **Machen Sie sich bewusst, welche Charaktereigenschaften Sie besitzen, und seien Sie stolz darauf, wer Sie sind.** Vielleicht wissen Sie noch gar nicht, worin Ihre Qualitäten bestehen? Überlegen Sie, wie Sie ihnen im Alltag mehr Bedeutung beimessen könnten.

Markieren Sie die Eigenschaften, die Ihnen am ehesten entsprechen:

abenteuerlustig	energisch	kreativ	sensibel
arbeitsam	erfinderisch	liebenswürdig	seriös
aufopferungsvoll	extrovertiert	mitfühlend	sorgfältig
aufrichtig	fantasievoll	motiviert	spontan
ausdauernd	flexibel	mutig	strategisch
ausgleichend	freiwillig	offen	streng
beobachtend	geduldig	optimistisch	stur
beständig	gerecht	ordentlich	systematisch
diplomatisch	gesellig	organisiert	teamfähig
direkt	großzügig	originell	tolerant
diskret	hartnäckig	präzise	treu
diszipliniert	hilfsbereit	pünktlich	unabhängig
dominant	höflich	reserviert	verantwortungs-
dynamisch	intelligent	ruhig	bewusst
effizient	intuitiv	sanft	vertrauenswürdig
ehrgeizig	jovial	schlau	vielseitig
ehrlich	kampflustig	selbständig	vorsichtig
eigensinnig	kämpferisch	selbstbeherrscht	widerstandsfähig

Erinnern Sie sich bei jeder Ihrer Eigenschaften an eine konkrete Situation, in der sie zum Vorschein gekommen ist (z.B. als Sie Mut bewiesen haben, Ausdauer oder Ruhe …).

Dankbarkeit

Und wenn Sie mit einem Dankeschön für das, was Sie haben, in den Tag starten würden, anstatt sich darüber zu beschweren, was Sie nicht haben?

Mit Sofortwirkung gegen einen trüben Morgen und den linken Fuß, der zuerst aufstehen wollte, die einen das Leben durch einen grauen Schleier sehen lassen …

Vergeben Sie eine Schulnote für Ihre Stimmung,
bevor Sie mit der Dankbarkeits-Übung beginnen: ....

Wofür werden Sie sich morgens bedanken?
Erstellen Sie Ihre persönliche Liste!

- ❑ **Danke für dieses Leben!**
- ❑ **Danke für die Gesundheit!**
- ❑ **Danke für das Dach über dem Kopf!**
- ❑ **Danke dafür, nicht allein sein zu müssen!**
- ❑ **Danke für** ....
- ❑ **Danke für** ....
- ❑ **Danke für** ....
- ❑ **Danke für** ....

Nach einer Woche, in der Sie jeden Morgen
Danke gesagt haben, vergeben Sie erneut
eine Schulnote für Ihre Stimmung: ....

Durchhaltevermögen

Dies ist die Geschichte von zwei kleinen Mäusen, die in eine große Milchkanne fallen. Eine der beiden verliert den Mut und ertrinkt. Die zweite kämpft und strampelt so feste mit ihren Beinchen, dass die Milch zu Butter wird und die Maus schließlich wieder aus der Kanne hinausklettern kann …

Die Moral der Geschichte: Behalten Sie Ihren Mut und kämpfen Sie gegen alle Schwierigkeiten an!

Krempeln Sie die Ärmel hoch! Machen Sie mit Zuversicht und Durchhaltevermögen weiter. Früher oder später werden Ihre Mühen belohnt …

Begegnen Sie jedem neuen Tag mit Mut und Zuversicht.

Notieren Sie die Veränderungen, die Sie beobachten:

....

....

....

....

....

Wenn man von Mut spricht, muss man auch von Resilienz sprechen, der psychischen Widerstandsfähigkeit: das Talent, alles an sich abprallen zu lassen, den Stress nicht an sich heran zu lassen und erschütternde Ereignisse zu überwinden.

Mit Resilienz wird eine psychische Stärke bezeichnet, die verhindert, dass man sich in negativen Gedankenspiralen wie Depressionen verliert. Diese Fähigkeit kann auch mithilfe von Therapien erlernt werden.

Einheit

Fühlen Sie sich manchmal einsam, wie vom Rest der Welt „abgeschnitten"? Es kann interessant sein, wenn Sie sich mit dem **„Gefühl der Einheit"** beschäftigen: mit der Idee, dass wir alle Teil eines großen Ganzen sind.

Stellen Sie sich in der Meditation (Atmung, Entspannung, Besinnung auf sich) das unendlich Kleine, jede einzelne Ihrer Zellen beispielsweise, und das unendlich Große wie den Kosmos vor. **Stellen Sie sich vor, dass Sie eins mit dem Universum sind.** Spüren Sie das Leben und die Energie, die Sie umgeben und mit den anderen Lebewesen verbinden …

Sie können auch **eins werden mit Ihrer Umgebung**, in Ihrem Alltag, indem Sie **das Gespräch suchen**, **sich austauschen**, soziale Kontakte knüpfen, sich solidarisch zeigen und Mitgefühl für Ihre Nächsten zeigen …

Was tun Sie, um ein Gefühl der Einheit zu schaffen:

....

....

....

....

....

....

Empathie

Empathie ist die Kunst, sich in jemanden hineinzuversetzen ...
Machen Sie das Experiment eines Rollenspiels: Tauschen Sie die Rolle mit Ihrem Gegenüber. Plötzlich verstehen Sie seine Situation und seinen Standpunkt. Sie werden sehen, auf diese Weise lassen sich viele kleine, unnötige und zu nichts führende Auseinandersetzungen entschärfen.

Welchen Personen gegenüber mangelt es Ihnen oft an Empathie?

- ❑ **Ihrem Partner/Ihrer Partnerin?**
- ❑ **Ihrem Kind/Ihren Kindern?**
- ❑ **Ihren Eltern?**
- ❑ **Ihrem Kollegen/Ihren Kollegen?**
- ❑ **Andere:** ....

Versuchen Sie, sich in die Situation dieser Personen zu versetzen, und beschreiben Sie deren Gefühle, wenn Sie sich aufregen.

....

....

....

....

Was würden Sie gewinnen, wenn sie diesen Personen mit mehr Empathie begegneten?

....

....

....

Energie

Die eigenen Reserven auftanken, neue Lebenskraft schöpfen und die Energie nicht für Stress und Alltagsscherereien verschwenden …

Welche Aktivitäten geben Ihnen neue Energie?

....

....

....

Haben Sie oft Zeit dafür?

❑　Ja　　　　❑　Nein　　　　❑　Geht so

Was wirkt sich negativ auf Ihre Energie aus?

....

....

....

Finden Sie heraus, welche Personen Ihnen Ihre Energie rauben, und lernen Sie, sich zu schützen:

• **Sagen Sie STOPP**, wenn Sie keine Lust haben, dass diese Personen ihre schlechte Laune bei Ihnen abladen.

• **Sagen Sie freundlich, aber bestimmt NEIN.** Zeigen Sie Kante! Wenn die Person Ihnen nahesteht, erklären Sie, dass es nichts bringt, wenn Sie auch schlechte Laune bekommen … Schlagen Sie lieber eine gemeinsame Aktivität vor, die Ihnen Kraft gibt oder suchen Sie körperliche Nähe (eine Umarmung, eine Streicheleinheit …).

Anstatt selbst den „Retter" zu spielen und sich von einer Person vereinnahmen zu lassen, der es schlecht geht, empfehlen Sie professionelle Hilfe, jemanden, der zuhören und die Gefühlsausbrüche in Bahnen lenken kann. Ein solcher Raum für Gespräche wird der Person guttun.

Halten Sie sich von wirklich „giftigen" Personen so gut wie möglich fern.

Zum Nachdenken:

„Wer sich beherrscht, braucht sonst nichts zum Beherrschen; er hat genug an sich, kein Herrscher hat ein so großes Reich."

Immanuel Gottlieb Kolb

Probieren Sie Techniken aus, um Ihre Energie ins Gleichgewicht zu bringen und zu mobilisieren:

• **Klassische Massagen,** aber auch Sensitive Gestaltmassage (SGM), eine ganzheitliche Methode zur Förderung des Wohlbefindens, die Körper und Geist in Einklang bringt.

• **Akkupunktur**

• **Reiki:** eine natürliche Behandlungsmethode, die die Energiefelder des Körpers wieder in Einklang bringt, vitalisierend und entspannend wirkt. Spannungen, körperliche und emotionale Blockaden werden gelöst und alle Organe belebt.

• **Shiatsu:** japanische Technik, bei der mithilfe von Fingern und Händen Druck auf einzelne Körperstellen ausgeübt wird, um das Funktionieren der Organe, die Nervenbahnen und den Hormonhaushalt ins Gleichgewicht zu bringen.

Entscheidung

Von heute an machen Sie sich klar, welche Macht Sie haben, indem Sie Entscheidungen treffen, die Ihr Leben verändern. Jede Entscheidung, egal ob klein oder groß, kann ganz schnell wichtige Auswirkungen auf Ihr Leben haben. **Kommen Sie nicht vom Kurs ab, wenn Sie sich einmal entschieden haben! Bleiben Sie standhaft und halten Sie durch!**

Welche Entscheidung könnten Sie für die Zukunft treffen?

- **Nachgiebiger sein** ❑ Ja ❑ Vielleicht ❑ Nein
- **Positiver denken** ❑ Ja ❑ Vielleicht ❑ Nein
- **Geduldiger sein** ❑ Ja ❑ Vielleicht ❑ Nein
- **Mehr Anerkennung zeigen** ❑ Ja ❑ Vielleicht ❑ Nein
- **Nicht mehr Rauchen** ❑ Ja ❑ Vielleicht ❑ Nein
- **Mehr auf die Ernährung achten** ❑ Ja ❑ Vielleicht ❑ Nein
- **Eine Leidenschaft ausleben**

  (...) ❑ Ja ❑ Vielleicht ❑ Nein
- **Den Job wechseln** ❑ Ja ❑ Vielleicht ❑ Nein
- **Einen großen Traum verwirklichen** ❑ Ja ❑ Vielleicht ❑ Nein

- **Andere Ideen:** ....

  ....

  ....

  ....

Entschlossenheit

Handeln kostet Kraft – es wird Ihnen helfen, wenn Sie **spüren, wie Ihre Entschlossenheit wächst.** Machen Sie sich zunächst klar, was Sie nicht mehr möchten. Überlegen Sie dann, was Sie sich wünschen, schmücken Sie Ihre Vorstellung bis ins kleinste Detail aus. Das gibt Ihnen die nötige Motivation, um Veränderungen herbeizuführen. Immer wenn Ihre Entschlossenheit ins Wanken gerät, rufen Sie sich Ihr Ziel in Erinnerung, die Vorteile der Veränderung und die Freude, die Sie empfinden werden, wenn Sie Ihr Ziel erreicht haben.

Liste der zu ändernden Dinge:	Stärke der Entschlossenheit, sie zu ändern:				
....	0	1	2	3	4
....	0	1	2	3	4
....	0	1	2	3	4
....	0	1	2	3	4
....	0	1	2	3	4
....	0	1	2	3	4

Was stärkt Ihre Entschlossenheit?

....

....

....

....

Entspannung

Denken Sie mehrmals am Tag daran, Ihren Körper zu entspannen: Spüren Sie in alle Körperteile, vom Kopf bis zu den Füßen, hinein und **lassen Sie einfach los.** Für eine kurze Entspannung machen Sie kreisförmige Bewegungen mit den Knöcheln, den Knien, dem Becken, den Handgelenken, dem Kopf und den Schultern.

Machen Sie eine progressive Muskelentspannung: Spannen Sie alle Muskeln in Ihrem Körper für ein paar Sekunden an – auch im Gesicht (ein hübsches Zitronengesicht!) – dann lassen Sie los!

Spielen Sie ein Relax-Spiel (Klar: Umso anstrengender Ihr Tag war, desto weniger haben Sie darauf Lust, aber desto dringender brauchen Sie die Pause auch!)

Fünf bis zehn Minuten am Tag:

1. Legen Sie sich auf den Rücken, die Handflächen zeigen nach oben. Die Füße fallen entspannt nach außen. Schließen Sie die Augen.

2. Hören Sie eine entspannende Musik (das ist kein Muss, aber hilfreich).

3. Zünden Sie eine Kerze oder ein Räucherstäbchen an (auch kein Muss, aber sehr angenehm!).

4. Atmen Sie langsam und tief ein und aus (Ihr Bauch hebt und senkt sich wie ein kleiner Luftballon).

5. Lassen Sie die Ausatmung immer länger und langsamer werden (stellen Sie sich vor, Sie pusten auf eine Feder).

6. Träumen Sie sich an einen angenehmen Ort. Lassen Sie selbst kleinste Details vor Ihrem inneren Auge entstehen.

ZUM AUSPROBIEREN:
HEALING MANTRA VOM DALAI LAMA. SEIN GESANG WIRKT SEHR BERUHIGEND.

Beschreiben Sie Ihre Empfindungen:

....

....

Erlaubnis

Sich etwas zu erlauben bedeutet, das Recht zu haben, nicht jeden Tag alles geben zu müssen. **Es heißt, sich zu akzeptieren, wie man ist, und sich in schwachen Momenten nicht zu verurteilen.** Indem man den Druck rausnimmt, werden sehr schnell die Leistungsfähigkeit und die Motivation gesteigert.

Wenn es nötig ist, erlauben Sie sich ...

- ... nicht perfekt zu sein ❑ OK ❑ Nicht OK
- ... müde zu sein ❑ OK ❑ Nicht OK
- ... faul zu sein ❑ OK ❑ Nicht OK
- ... etwas nicht so ordentlich
  wie sonst zu machen ❑ OK ❑ Nicht OK
- ... die Schnauze voll zu haben ❑ OK ❑ Nicht OK

In welchen Punkten würden Sie sich gern mehr erlauben?

....

....

....

....

Was brauchen Sie, um das in die Tat umzusetzen?

....

....

....

....

....

Erwartungen

Haben Sie den Eindruck, dass Sie sich oft über das Verhalten Ihres Partners/Ihrer Partnerin oder Ihrer Freunde ärgern? Überlegen Sie, ob Ihre eigenen Erwartungen vielleicht zu hoch sind.

Welche Vorteile haben Sie, wenn Sie weniger von anderen erwarten und sie nicht für Ihr Glück verantwortlich machen?

....

....

....

....

....

....

....

Die Person, die am besten geeignet ist, Sie glücklich zu machen
... sind SIE SELBST!

Nehmen Sie die Freiheit und die Zufriedenheit wahr, wenn Sie selbst aktiv werden können, ohne auf den guten Willen der anderen zu warten.
Alles Zusätzliche ist dann „das Sahnehäubchen".

Kreuzen Sie an, welche Erwartungen Sie an Ihren Partner/Ihre Partnerin stellen.

Umkringeln Sie den Smiley, der Ihrem Zufriedenheitsstatus entspricht.

- **Bedürfnis nach Aufmerksamkeit** ☺ ☺ ☹
- **Bedürfnis nach Anerkennung** ☺ ☺ ☹
- **Bedürfnis nach Nettigkeiten** ☺ ☺ ☹
- **Bedürfnis nach Anwesenheit** ☺ ☺ ☹
- **Bedürfnis, Aufgaben zu teilen** ☺ ☺ ☹
- **Bedürfnis, moralisch unterstützt zu werden** ☺ ☺ ☹
- **Bedürfnis, bestärkt zu werden** ☺ ☺ ☹
- .... ☺ ☺ ☹
- .... ☺ ☺ ☹
- .... ☺ ☺ ☹

Gibt es einen Weg, Ihre unerfüllten Erwartungen anders zu befriedigen – nämlich durch eigenes Aktivwerden?

....

....

....

....

....

....

Persönliche Notizen

F - G

Familie

Sie ist, wie sie ist und man kann sie nicht ändern. Aber auch wenn es manchmal Probleme gibt, die Familie kann auch eine große Unterstützung sein.

Lassen Sie unwichtige Streitigkeiten nicht Ihre Beziehungen kaputt machen. **Verschenken Sie regelmäßig kleine Aufmerksamkeiten.** So erhalten Sie die Harmonie!

Natürlich gibt es in jeder Familie auch mal Spannungen, Konflikte und vor allem unausgesprochene Dinge. Es ist wichtig, **im Gespräch zu bleiben** und beim Namen zu nennen, was nicht funktioniert.

Dazu fallen einem oft sofort ein paar Punkte ein, was man hingegen leicht vergisst ist **Lob und Anerkennung** für die Liebsten. Ein kleines Dankeschön, eine Aufmunterung und ehrliche Komplimente bestärken jeden in dem, was er Gutes für die Familie tut.

Mit welchen Kleinigkeiten könnten Sie die eine oder andere Beziehung in Ihrer Familie verbessern?

....

....

....

Wie könnten Sie Ihre Anerkennung gegenüber dem einen oder anderen zeigen?

....

....

....

Feuer

Erhalten Sie das Feuer, das in Ihnen brennt: Ihre Leidenschaften und Wünsche. Es bringt Sie dazu, **über sich hinauszugehen** und **das Beste zu geben.**

Entdecken Sie Ihr persönliches Feuer!

Wecken Sie Ihre Neugier:

Wie? ....

....

....

....

Probieren Sie neue Erfahrungen aus:

Welche? ....

....

....

....

Finden Sie heraus, was Ihre Augen zum Leuchten bringt:

Was? ....

....

....

....

Flexibilität

Sich flexibel zu zeigen bedeutet, **die Probleme nicht gleich frontal in Angriff zu nehmen,** was oft zu Widerständen und Konflikten führt … Die Flexibilität erlaubt Ihnen, andere Wege zu finden, offen gegenüber anderen Lösungen zu sein.

Wie entwickeln Sie Ihre Flexibilität:

- **Den Standpunkt des anderen berücksichtigen**
- **Mitgefühl und Offenheit zeigen**
- **Kreativität im Umgang mit Problemen beweisen**
- **Nichts forcieren, raffiniert sein**
- **Loslassen, wenn sich ein Problem „festgefahren"**
  hat und später neu drangehen
- **Die Methode ändern**
- **Andere Ideen:** ....

Bei welcher Gelegenheit vermissen Sie Flexibilität?
Im Büro? Mit Ihren Kindern? Mit Ihrem Partner/Ihrer Partnerin?

....

....

....

Welche Erfolge haben Sie dank Ihrer Flexibilität eingefahren?

....

....

....

Fortschritt

Wie auch immer Ihr Niveau, Ihre Talente oder Ihre Erfahrungen sind – das Wichtigste ist, dass Sie versuchen voranzukommen und **sich nicht auf dem bereits Erreichten ausruhen ...**

In welchen Bereichen würden Sie gern weiter vorankommen?

• **Körper** ....

....

• **Psyche** ....

....

• **Beziehungen** ....

....

• **Beruf** ....

....

• **Kunst** ....

....

• **Andere:** ....

....

....

Freiheit

„MAN BITTET NICHT UM FREIHEIT, MAN NIMMT SIE SICH."

Manchmal ist es gut, sich Freiheiten einzugestehen, sich von gewissen Zwängen zu befreien.

Welche Freiheiten würden Sie sich in diesem Moment gern nehmen?

....

....

Was würde Sie freier atmen lassen?

....

....

Was bremst Sie aus?

....

....

Wer könnte diese Bremsen lösen?

....

....

....

....

Freunde

Zusammen sind wir stark! Denken Sie daran, Ihre Freundschaften zu pflegen. Lassen Sie nicht zu, dass Ihre Beziehungen im Sande verlaufen.

Einsamkeit ist für niemanden gut! Es ist ein so **kostbarer Schatz** auf Freunde zählen zu können, denen Sie vertrauen, die Sie mit anderen Sichtweisen bereichern, mit denen Sie wichtige Momente teilen und sich austauschen können …

Die Feinde der Freundschaft? Nachlässigkeit, Routine, Müdigkeit, Fehlen von Toleranz. Niemand ist perfekt: Sie haben Fehler und andere ebenfalls … Warum nicht einfach die Fehler annehmen, wie sie sind, und wertschätzen, dass sie auch hilfreich sein können?

Was wäre, wenn Sie gleich heute zum Telefon greifen würden?

Diese/n Freund/in dringend anrufen: ....

....

Diese/n Freund/in dringend anrufen: ....

....

Diese/n Freund/in dringend anrufen: ....

....

Diese/n Freund/in dringend anrufen: ....

....

Denken Sie auch daran, Ihren Freundeskreis zu erweitern. Neue Leute kennenlernen ist interessant und eine Bereicherung.

Wie mache ich das?

- **Einen Kurs belegen**
- **Zu Lesungen oder Podiumsdiskussionen gehen**
- **Online-Kontaktbörsen ausprobieren**
- **In einen Verein eintreten**
- **Andere Ideen:** ....

....

....

....

Freunde zu haben, ist ein Vergnügen. Aber dazu ist auch ein wenig Anstrengung erforderlich.

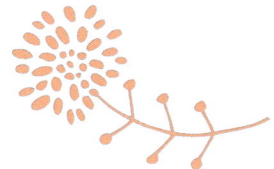

FREUNDSCHAFTEN MÜSSEN GEPFLEGT WERDEN.

Mixen Sie den perfekten Freundschafts-Cocktail:

1. **Füllen Sie den Boden eines hübschen Glases mit Großzügigkeit.**
2. **Geben Sie einen guten Schuss offene Ohren und Einfühlungsvermögen dazu.**
3. **Außerdem einen Spritzer Humor und Geselligkeit.**
4. **Raspeln Sie die Schalen von Loyalität und Vertrauen darüber.**
5. **Süßen Sie mit Fröhlichkeit und Nachsicht.**
6. **Garnieren Sie den Cocktail mit einem Lächeln.**
7. **Genießen Sie das Glück, zusammen zu sein.**

Geduld

„Geduld ist ein Baum,
dessen Wurzeln bitter sind,
dessen Frucht aber sehr süß ist."

Iranisches Sprichwort

Den Alltag mit Geduld anzugehen, ist letztlich weniger schmerzhaft als sich entmutigen zu lassen.

Etwas so gut machen, wie man kann und der Situation angemessen, ist eine Philosophie, die dabei hilft, widrige Umstände besser zu ertragen: eine Saure-Gurken-Zeit, Wartezeit, Enttäuschung, Kummer, Schmerzen …

Die Zeit heilt viele Wunden. Manchmal ist es gut, wenn etwas Wasser den Bach hinunterfließt …

Welche Projekte verlangen Ihnen heute Geduld ab?

....

....

....

....

Was könnte Ihnen die Wartezeit versüßen?

....

....

....

....

Gefühle

Haben Sie keine Angst vor Ihren Gefühlen: Sie sind ein wunderbares **Barometer für Ihr Wohlbefinden.** Dank Ihrer Gefühle machen Sie sich bewusst, was Sie in einer bestimmten Situation empfinden.

Und jedes hat seinen Nutzen: Die Angst schützt Sie, die Wut hilft Ihnen, sich zu verteidigen und Grenzen zu setzen, die Traurigkeit erlaubt es Ihnen, sich von etwas zu verabschieden und einen Verlust zu überwinden, die Freude lässt Sie feiern …

Es ist unerlässlich, sich mit seinen Gefühlen zu verbinden und auch, sie herauszulassen. Der Versuch, sie zu ignorieren oder sie zu unterdrücken, führt nicht selten zu physischen oder psychischen Symptomen.

Ein Gefühl wird nur dann „negativ", wenn es unverhältnismäßig ist, überzogen und der Situation nicht angemessen. Gefühle erinnern uns ziemlich oft an Erfahrungen aus der Vergangenheit oder der Kindheit. Welche Gedanken kommen damit wieder hoch? Die emotionale Intelligenz erlaubt es uns, negative Muster zu erkennen und zerstörerische Gefühlsausbrüche zu verhindern.

Wie gehen Sie mit einem negativen Gefühl um?

Welche körperlichen Symptome nehmen Sie wahr? An welcher Stelle in Ihrem Körper?

....

....

....

....

....

Welche Wörter fallen Ihnen ein, um die Empfindung möglichst genau zu beschreiben?

....

....

....

Können Sie erkennen, ob sich in Ihrer Empfindung mehrere Gefühle miteinander vermischen (z. B. eine Traurigkeit hinter Ihrer Wut)**?**

F
G

....

....

....

Was passiert, wenn Sie diese Gefühle wie ein neutraler Beobachter von außen betrachten?

....

....

....

Welche Bedürfnisse haben Sie in diesem Moment?

....

....

....

Löst das Gefühl eine bestimmte Erinnerung aus Ihrer Kindheit aus? Kommen Bilder in Ihnen hoch?

....

....

....

Gelassenheit

In Aufregung oder Panik gelingt einem nichts. Lernen Sie, eine innere Gelassenheit zu finden – so kommen Sie besser durch den Tag. Nehmen Sie sich regelmäßig kleine Auszeiten im Alltag, um zur Ruhe und sich selbst zu kommen.

Was hilft Ihnen dabei, zur Ruhe zu kommen?

Umso mehr Daumen nach oben Sie vergeben, desto höher ist Ihr Wohlbefinden nach den genannten Aktivitäten. Kreisen Sie ein!

- **Tiefes Durchatmen** 👍 👍 👍 👍 👍
- **Meditieren** 👍 👍 👍 👍 👍
- **Zeichnen oder Malen** 👍 👍 👍 👍 👍
- **Beten** 👍 👍 👍 👍 👍
- **Lesen oder Schreiben** 👍 👍 👍 👍 👍
- **Schwimmen** 👍 👍 👍 👍 👍
- **Laufen oder Spazierengehen** 👍 👍 👍 👍 👍
- **Einen Film ansehen** 👍 👍 👍 👍 👍
- **Gärtnern** 👍 👍 👍 👍 👍
- **Ein Bad oder eine heiße Dusche** 👍 👍 👍 👍 👍

Notizen: ....

....

....

....

Gewinnen

„Der Verlierer weiß, was er tut, wenn er gewinnt, und erzählt es jedem. Der Gewinner weiß, was er tut, wenn er verliert, aber er spricht nicht darüber."

Ein Gewinnertyp stellt sich jeder Situation, egal wie sie ist und sieht das Positive darin. Das Lernen aus Fehlern gehört natürlich dazu, Schlüsse ziehen, was man verbessern könnte und von vorn beginnen.
Es ist das Wissen, sich Fehltritte erlauben zu können, nicht perfekt sein zu müssen. Sollte Plan A nicht funktionieren, versucht man sich an Plan B.

PLAN A/PLAN B:

Die Methode, um immer der Gewinner zu sein!

Plan A: ....
....
....
....

Plan B: ....
....
....
....

Glück

Wir alle laufen dem großen Glück hinterher. Aber was, wenn dieses große Glück in Wahrheit aus vielen kleinen Glücksmomenten besteht? Schreiben Sie diese Ereignisse jeden Tag in ein „Heft des kleinen Glücks"!

Vervollständigen Sie diese Liste der kleinen Glücksmomente ...

- **Ein Teller Sushi**
- **Der erste Schluck Bier**
- **Eine Pflanze, die eine neue Knospe hat**
- **Ein Sonnenstrahl im Gesicht**
- **Jemand, der Sie auf der Straße angelächelt hat**

- ....
- ....
- ....
- ....
- ....

Was ist für Sie Glück? Beschreiben Sie Ihre Definition:

....
....
....
....
....

Großzügigkeit

Großzügigkeit bedeutet, etwas von ganzem Herzen zu geben, ohne es aufzuwiegen. Und vor allem **ohne Erwartungen, etwas zurückzu-bekommen.** Lösen Sie sich vom Prinzip „Geben und Nehmen", das erspart Ihnen viel Frust und enttäuschte Erwartungen.

Die wahre Großzügigkeit ist nicht unbedingt die, die man sieht. Und sie läuft auch nicht zwangsläufig über den Geldbeutel. Ganz nach José Narosky:

„Derjenige, der seine Großzügigkeit verbirgt, ist doppelt großzügig."

Sein Herz zu verschenken ist nicht jedem gegeben, denn es bedeutet, selbstlos zu sein. Dennoch gibt es einen Riesennutzen: die Genugtuung, **Gutes zu tun.** Ein dankbares Lächeln, die glücklichen Augen eines Kindes, ein herzlicher Händedruck – wiegt das nicht alle Schätze der Welt auf?

Auf einer Skala von 1 bis 10 – schätzen Sie Ihre Großzügigkeit:

☐ 1   ☐ 2   ☐ 3   ☐ 4   ☐ 5   ☐ 6   ☐ 7   ☐ 8   ☐ 9   ☐ 10

Jetzt, in diesem Moment: Was würden Sie geben und nichts im Gegenzug erwarten?

• **Ihrem Partner/Ihrer Partnerin:** ....

• **Ihrem Kind/Ihren Kindern:** ....

• **Einer Ihnen nahestehenden Person** (Familie und Freunde)**:** ....

....

• **Einer guten Sache:** ....

• **Anderem:** ....

....

Güte

Gut zu sich sein. Gütig zu anderen sein ... Wenn jeder nach dieser Vorgabe leben würde, wäre die Welt eine andere! Denken Sie jeden Tag und jeden Moment daran, was gut für Sie ist, und nehmen Sie wahr, was Gutes um Sie herum geschieht. Suchen Sie das Gute auch in den unbedeutenden Dingen ... Schreiben Sie alle „guten Dinge", die Ihnen begegnen, in ein Heft. Die „weniger guten Dinge" werden ganz schnell viel weniger Raum einnehmen!

„Tu etwas Gutes, wo immer du bist.
Es sind all die Kleinigkeiten,
die zusammen die Welt verändern."

Desmond Tutu

Schreiben Sie auf, was Sie heute Gutes für sich tun können:

....

....

....

Notieren Sie, was Sie heute Gutes für andere tun können:

....

....

....

Wie hat sich Ihr Tag dadurch verändert?

....

....

....

Persönliche Notizen

F
G

H - K

Haltung

Ihre körperliche und geistige Haltung können Ihre Einstellung gegenüber Ereignissen und Ihre Fähigkeit damit umzugehen, radikal ändern.

ZUM NACHDENKEN:

„Das Leben ist eine Herausforderung, stelle dich ihr.
Das Leben ist Glück, verdiene es.
Das Leben ist ein Abenteuer, wage es."

Mutter Teresa

• Körperliche Haltung

Halten Sie sich aufrecht, als würde ein unsichtbarer Faden Sie nach oben ziehen. Lassen Sie Ihre Schultern sinken, entspannen Sie Ihre Muskeln und atmen Sie tief durch.

• Geistige Haltung

Üben Sie das positive Denken, Optimismus, liebevolle, mitfühlende, friedvolle Gedanken …

• Notizen: ....

....

....

....

Handeln

Indem Sie handeln, führen Sie eine Bewegung aus und setzen einen positiven Kreislauf in Gang. Je mehr Sie unternehmen, desto mehr haben Sie Lust, etwas zu unternehmen.

Der erste Schritt zählt. Das Wichtigste ist loszulegen. Auch wenn Sie nicht sofort einen Nutzen darin sehen. Und auch wenn Sie noch nicht so genau wissen, wohin es Sie führt.

Zum Nachdenken:

„Man braucht weder Hoffnung, um zu handeln,
noch Erfolg, um durchzuhalten."

Guillaume d'Orange

Bevor Sie handeln, sollten Sie sich über Ihre Vorstellungen und Ziele im Klaren sein. Nehmen Sie ein Blatt Papier und einen Stift und **notieren Sie Ihr Ziel,** das Sie erreichen möchten. Erstellen Sie eine To-do-Liste mit Aufgaben, die Sie sich vornehmen. Versuchen Sie, die Zeit einzuschätzen, die Sie dafür benötigen. Dann planen Sie rückwärts: Verteilen Sie die Aufgaben auf mehrere Tagen oder Wochen und legen Sie ein Datum zum Erreichen Ihres Ziels fest. Schreiben Sie für jeden Tag konkrete und realistische Ziele auf.

Notieren Sie alle notwendigen Aufgaben, die zum Erreichen Ihres Ziels notwendig sind:

....

....

Zu welchem Termin möchten Sie Ihr Ziel erreicht haben?

....

Wer könnte Sie dabei unterstützen, Ihre Aufgaben und Ziele zu verwirklichen?

....

Harmonie

„Die Harmonie zwischen zwei Menschen ist niemals gegeben.
Sie muss immer wieder neu erobert werden."

Simone de Beauvoir

UND WENN SIE SELBST FÜR HARMONIE SORGEN WÜRDEN?

• **Faktoren für Harmonie:**
Respekt, Zuhören, Entgegenkommen, Freundlichkeit, Komik, gute Laune …

• **Gegenstände, die für Harmonie sorgen:**
Blumen, Kerzen, Räucherstäbchen, ein hübsch gedeckter Tisch, ein Überraschungs-geschenk …

• **Ideen für mehr Harmonie in Ihrer Partnerschaft:**

....

....

....

• **Ideen für mehr Harmonie in Ihrer Familie:**

....

....

....

• **Ideen für mehr Harmonie in Ihrem Job:**

....

....

....

Herauslassen

Es ist nicht gut, Gefühle und Ängste zu verstecken. Nutzen Sie jede Gelegenheit auszudrücken, was Sie empfinden.

Alles, was Sie nicht herauslassen, fressen Sie in sich hinein.

Also, um die Folgen einer Somatisierung zu vermeiden:

- **Schreiben Sie, ohne Zensur**
- **Malen Sie, ohne Selbstkritik**
- **Sprechen Sie mit Ihnen nahestehenden Personen, Freunden oder Therapeuten ...**
- **Drücken Sie sich aus, im Theater, bei der Pantomime, beim Singen ...**

Welches wird Ihr Ventil sein?

....

....

....

Nutzen Sie diese Linien, um genau jetzt etwas herauszulassen!

Schütten Sie Ihr Herz aus ...

....

....

....

....

Hoffnung

„Die Hoffnung hilft uns leben", hat Goethe gesagt.
Geben Sie sie also niemals auf! Viele Dinge regeln sich schneller, als Sie gedacht
haben. Denken Sie daran: Nichts bleibt für die Ewigkeit.

Es kann lange regnen, aber nicht für immer ...

Schreiben Sie hier Ihre Hoffnungen auf:

....

....

....

....

....

Was werden Sie ganz konkret unternehmen, damit Ihre Hoffnungen in Erfüllung gehen?

....

....

....

....

....

....

....

Innerer Frieden

Sie haben das Recht auf inneren Frieden – sagen Sie sich das immer wieder. Kein äußeres Ereignis sollte ihn stören können. Mit ein bisschen Übung können Sie Kontakt zu Ihrem inneren Frieden aufnehmen: Schließen Sie die Augen, atmen Sie ruhig und tief (siehe „Atmung"), stellen Sie sich eine Sonne auf Höhe Ihres Brustbeines vor oder einen leuchtenden Punkt zwischen Ihren Augen. Lassen Sie Empfindungen wie Liebe, Güte und absolutes Vertrauen zu. **Spüren Sie, wie wohltuend dieses innere Lächeln ist.** Es tut so gut, zur Ruhe zu kommen.

Welche Note würden Sie sich heute für Ihre Ausgeglichenheit geben?

❏ **1**　　　❏ **2**　　　❏ **3**　　　❏ **4**　　　❏ **5**

Aufgewühlt　　　　　　　　　　　　　　　　　　　　Friedlich

- **Stellen Sie sich vor, Sie wären eine Alge im tiefen Ozean.**
  Über dem Wasser tobt vielleicht ein wütender Sturm,
  aber da, wo Sie sind, kommt nur ein sanftes Schaukeln an.

- **Stellen Sie sich vor, Sie wären Buddha,
  der Dalai Lama oder Jesus.**
  Lassen Sie sich auf dieses Rollenspiel ein und achten Sie darauf, wie Ihr Verhalten davon beeinflusst wird.

....

....

Etablieren Sie ein Bild oder ein starkes Symbol des Friedens, das Sie sich in jeder Situation in Erinnerung rufen können, um Ihren inneren Frieden zu finden.

....

....

....

Inspiration

Klingt es nicht geradezu märchenhaft, eine Quelle der Inspiration zu besitzen? Um „von der Muse geküsst" zu werden, ist es hilfreich, eine gewisse **Offenheit und Initiative** zu kultivieren. Verlassen Sie sich auf das Serendipity-Prinzip: die Kunst, Amerika zu finden, wenn man Indien sucht!

Versetzen Sie Ihren Geist in eine wache Aufmerksamkeit und lassen Sie ungewöhnliche, unpassende und unerwartete Ideen zu. Tragen Sie immer ein Notizbuch mit sich herum, um ohne Zensur aufzuschreiben, was Ihnen durch den Kopf geht.

Ideen, um Inspiration zu finden:

- **Spazierengehen**
- **Ausstellungen besuchen**
- **Artikel aus Magazinen herausreißen**
- **Den Geist mit intellektuellem Futter versorgen**
- **Austausch mit unterschiedlichen Menschen**
- **Kreative Kurse belegen**

- **Andere:** ....

....

Welche Ausdrucksmöglichkeiten würden Sie gern ausprobieren, um Ihrer Inspiration freien Lauf zu lassen?

Schreiben, Poesie, Zeichnen/Malen, Bildhauerei, Rap, Poetry-Slam, Theater, Musik, Kochen/Backen, Andere

Beschreiben Sie, was Sie gerade inspiriert:

....

....

....

....

Intuition

Hören Sie auf die **leise Stimme, die zu Ihnen spricht ...** Sie gibt Ihnen nützliche Entscheidungshilfen. Damit Sie sie verstehen, müssen Sie Ihrem rationalen und pragmatischen Verstand ein bisschen die Ohren zuhalten. Auf die innere Stimme zu hören, heißt auch, **auf die Wünsche tief in Ihnen drin zu hören,** fähig sein, **sich auf das zu konzentrieren, was Sie wirklich möchten** und was Ihnen guttut ...

Und: sich trauen Nein zu sagen, wenn Sie kein gutes Gefühl dabei haben!

Methoden, die Ihre Intuition aktivieren:

1. Achten Sie auf Ihren ersten Eindruck ...
(und beobachten Sie, ob er sich in der Folge verändert)

2. Treffen Sie kleine, instinktive Entscheidungen
(Wahl des Restaurants, Kleidung, Urlaubsziel ...)

3. Lassen Sie im Kopf los!
Kommen Sie in Ihrem Körper und in diesem Moment an und lassen Sie den Geist zur Ruhe kommen (Yoga, Meditation ...). Versuchen Sie nicht, alles kontrollieren zu wollen!

4. Befragen Sie Ihre Intuition
Bitten Sie sie, Ihnen eine Lösung für ein Problem zuzuflüstern. Lassen Sie sie arbeiten und schlafen sie darüber. Ziemlich oft kommen Ihnen dann die Ideen!

Schreiben Sie auf, wann Ihre innere Stimme mit Ihnen gesprochen hat:

....

....

....

....

Jetzt

Eines der mächtigsten Mittel gegen die Ängstlichkeit gegenüber dem, was passieren könnte (Probleme, die noch gar nicht existieren und vielleicht auch niemals existieren werden), ist das Verbinden mit der Gegenwart, denn das ist der einzige Moment, der wirklich existiert. **Gestern ist vergangen und morgen hat noch nicht begonnen ...** Lernen Sie, **bei sich zu sein, im Hier und Jetzt**.

Was hilft Ihnen dabei, in der Gegenwart zu bleiben?

❑ **Nehmen Sie Ihre Atmung wahr. Üben Sie eine tiefe und ruhige Atmung.**

❑ **Sagen Sie STOPP zu den negativen Gedanken, die auf Sie einstürmen könnten.**

❑ **Ersetzen Sie diese Gedanken durch die Vorstellung positiver Bilder.**

❑ **Kommen Sie in Ihrem Körper an: Recken und strecken Sie sich, geben Sie sich eine kleine Massage, verwöhnen Sie sich ...**

❑ **Spielen Sie mit Ihren fünf Sinnen in genau diesem Augenblick: Nehmen Sie wahr, was Sie berühren, riechen, hören, sehen und schmecken ...**

❑ **Andere Ideen:** ....
....

Entspannungspause

Beschreiben Sie so präzise wie möglich Ihre Wahrnehmung in Ihrem Moment der Gegenwart (Geräusche, Gerüche, Farben ...):

....

....

Klugheit

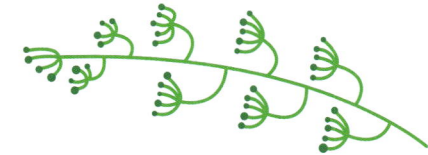

... DES HERZENS, IN EINZELNEN SITUATIONEN.

Wenn jeder seinen Teil dazu beitragen würde, **in gutem Einvernehmen miteinander zu leben,** wäre die Welt eine bessere. Die Klugheit des Herzens ist zum Beispiel die Fähigkeit, „zwischen den Zeilen" eines bestimmten Verhaltens lesen zu können, Verständnis zeigen, Zuhören können und Mitgefühl zeigen.
Eine Person, die sich verstanden fühlt, ist bereit, das Beste zu geben. **In einem positiven Umfeld, findet man immer eine Lösung ...**

Unkluges Verhalten, das man streichen sollte:
- **Jemanden unter Druck setzen**
- **Gewalt ausüben (gegenüber anderen oder sich selbst)**
- **Lästern, Abwerten, Verurteilen**
- **Gleichgültigkeit, Ignoranz**

- **Andere:** ....

....

TRAUEN SIE SICH, NEIN ZU SAGEN, SETZEN SIE GRENZEN, RESPEKTIEREN SIE SICH SELBST.

Was könnten Sie in Ihrem Umfeld konkret tun, um für mehr

Einvernehmen zwischen den Menschen zu sorgen?

....

....

....

....

Kreativität

Was, wenn Sie kreativ werden?
Kreativität in all ihren Formen lässt uns den Alltag und Ängste überwinden. Sie hilft Ihnen, die Aufmerksamkeit von Ihren Sorgen wegzulenken und gibt Ihnen neue Energie: und zwar genau die, die Sie benötigen, um für alle Situationen gewappnet zu sein!

WIE KÖNNTEN SIE KREATIV WERDEN?

Kreuzen Sie Ihre Lieblingsbeschäftigungen an:

❑ **Kreativ in der Kunst: Musik, Malerei, Bildhauerei, Schreiben ...**

❑ **Kreativ auf der Bühne: Theater, Improvisation, Pantomime, Clown, Tanz ...**

❑ **Kreativ mit den Händen: Kochen, Dekorieren, Basteln ...**

❑ **Kreativ in der Liebe: Überraschungen, Spiele, Inszenierungen ...**

❑ **Andere Ideen:** ....

....

Beschreiben Sie Ihr nächstes kreatives Projekt:

....

....

....

....

Persönliche Notizen

Lächeln

Lächeln Sie so oft wie möglich.

Es kostet nichts, aber es hat einen wesentlichen Einfluss auf Sie und die Menschen in Ihrer Umgebung.

Auch wenn Sie nicht in der Stimmung sind, tun Sie so als ob und lächeln Sie trotzdem. Dabei wird eine positive Botschaft an Ihr Gehirn gesendet, die sich ausbreitet. Und dabei sprechen wir noch nicht von den positiven Effekten auf andere Menschen.

ZUM NACHDENKEN:

„Ein Lächeln kostet weniger als Elektrizität
und bringt viel mehr Licht."

Abbé Pierre

Notieren Sie hier Ihre schönsten Erinnerungen an ein Lächeln:

• **Ein Lächeln, das ich geschenkt habe:**

....

....

....

• **Ein Lächeln, das mir geschenkt wurde:**

....

....

....

Langsamkeit

Die Fähigkeit zu entschleunigen hat eine große Bedeutung. Wir leben unser Leben auf der Überholspur und riskieren, an den wirklich wichtigen Dingen vorbeizufahren. Sich Zeit nehmen, winzige Details betrachten, auf den eigenen Atem hören. **Einfach „sein", ohne immer etwas zu „tun"**. Entschleunigen bedeutet nicht, sich hängen zu lassen, es heißt vielmehr, **nicht immer in Aktion zu sein.**

Sind Sie bereit, sich ein paar langsame Momente in der Woche einzugestehen?

> **A:** „Ja, auf jeden Fall. Das wird mir guttun."
>
> **B:** „Naja ... Wenn ich langsamer mache, langweile ich mich schnell."
>
> **C:** „Niemals! Wenn ich einmal aufhöre zu rennen ..."

Wenn Sie skeptisch sind (Antwort B oder C), versuchen Sie trotzdem:

• ... anderen Personen in ihrer Hetze zuzuschauen
(z. B. denjenigen, die in der U-Bahn rennen, beim Kochen telefonieren, über die langsame Kassiererin im Supermarkt schimpfen usw.).

• Was denken Sie über diese Personen?
Lohnt es sich, sich derart aufzuregen und zu stressen?
Was wünschen Sie ihnen?

L
M

Ein paar Ideen zur Entschleunigung:

- Langsamer essen
- Sich kurz auf eine Parkbank setzen und die Natur genießen
- Eine Viertelstunde früher zur Arbeit aufbrechen
- Erobern Sie sich mehr freie Zeit, indem Sie einen Abend aufs Fernsehen verzichten.
- Ein Tag am Wochenende ohne Uhr und ohne Termine

Notizen: ....

....

....

....

....

....

....

....

....

Lebensfreude

Lebensfreude ist eine Einstellung, die man üben kann. Ganz schnell übernimmt man die schlechte Angewohnheit, ein Gesicht zu ziehen, ständig herumzunörgeln oder Unzufriedenheit zu sammeln. Um so oft wie möglich fröhlich zu sein, reicht es, ein paar einfache Prinzipien anzuwenden:

- **Sein Herz anderen gegenüber öffnen**
  (z.B. indem man aufhört, zu verurteilen oder alles zu kritisieren)
- **Ein Lächeln verschenken – so oft wie möglich!**
- **In der Lage sein, sich über die kleinen Dinge zu freuen**
- **Etwas von sich selbst geben** (Zeit, Energie, Liebe)

- **Andere Ideen:** ....
  ....
  ....
  ....

Notieren Sie alles, was Ihnen Freude macht:

....
....
....
....
....
....
....

Lernen

Um voranzukommen, ist es sehr nützlich, aus seinen Fehlern zu lernen. Ganz bescheiden herausfinden, warum etwas nicht funktioniert hat, ist sehr viel konstruktiver als ewig über Misserfolge nachzugrübeln.

SICH VERBESSERN, WIEDER AUFSTEHEN, NICHT AUFGEBEN. DAS IST DAS GEHEIMNIS DER ERFOLGREICHEN!

Hatten Sie Misserfolge in den letzten Jahren?

....

....

....

Was haben Sie über sich selbst gelernt?

....

....

....

Was werden Sie zukünftig nicht mehr machen?

....

....

....

Welche positiven Lehren ziehen Sie aus diesem Hinterfragen?

....

....

....

Licht

Licht im eigentlichen Sinn des Wortes – achten Sie darauf, dass es in Ihrer Umgebung immer hell genug ist.

LICHT HAT EINEN BEACHTLICHEN EINFLUSS AUF DIE STIMMUNG.

Versuchen Sie, sich wie „die Motten zum Licht" in eine Richtung zu orientieren, **die Ihnen wirklich gefällt,** Ihnen sinnvoll erscheint; konzentrieren Sie sich auf das, in dem Sie erfolgreich sind, auf **das Gute in Ihrem Leben.** Es bedeutet nicht, den Schatten zu meiden, aber einfach **das Gute in Ihnen** ins „rechte Licht" zu rücken, ihm mehr Bedeutung zukommen zu lassen. Lassen Sie Ihr Licht leuchten!

Was bringt Licht in Ihr Leben?

....

....

....

....

....

....

....

L
M

Liebe

Wie wäre es, wenn man damit beginnt zu lieben, bevor man selbst geliebt wird?

„Leben Sie die Liebe" und beobachten Sie, wie sich Ihre Umgebung Ihnen gegenüber anders verhält:

....

....

....

....

Die Liebe kann sich in tausend Formen zeigen. Überlegen Sie nicht lange und entdecken Sie die unterschiedlichen Facetten.

Wem schenken Sie heute Ihre Liebe?

Kringeln Sie die Anzahl der Herzen ein, die Sie in Ihrem Umfeld verteilen möchten:

- **an Ihren Partner/Ihre Partnerin**　♥ ♥ ♥ ♥ ♥ ♥ ♥ ♥ ♥ ♥ ♥ ♥
- **an Ihre Kinder**　♥ ♥ ♥ ♥ ♥ ♥ ♥ ♥ ♥ ♥ ♥ ♥
- **an eine Freundin**　♥ ♥ ♥ ♥ ♥ ♥ ♥ ♥ ♥ ♥ ♥ ♥
- **an einen Nachbarn**　♥ ♥ ♥ ♥ ♥ ♥ ♥ ♥ ♥ ♥ ♥ ♥
- **an Ihr Haustier**　♥ ♥ ♥ ♥ ♥ ♥ ♥ ♥ ♥ ♥ ♥ ♥
- **an andere**　♥ ♥ ♥ ♥ ♥ ♥ ♥ ♥ ♥ ♥ ♥ ♥

Wie zufrieden hat Sie das gemacht?

....

....

....

Luxus

Was bedeutet Luxus? Reichtum oder Freiheit? Ist es nicht der Mut, über sein Leben zu entscheiden?

SICH DEN LUXUS ERLAUBEN, MAN SELBST ZU SEIN.
HINTER DEN EIGENEN ENTSCHEIDUNGEN ZU STEHEN.

Nichts tun, nur weil es anderen gefallen könnte. Sich so akzeptieren wie man ist und sich ein passendes Leben drumherum stricken. Das ist der wahre Luxus. Bereit, sich vom Blick der anderen und den eventuellen gesellschaftlichen Normen loszusagen.

Was ist Ihre Vorstellung von Luxus?

- **Glück in der Liebe**   ❑ Luxus   ❑ Kein Luxus
- **Finanzielle Sicherheit**   ❑ Luxus   ❑ Kein Luxus
- **Fähigkeit, Nein sagen zu können**   ❑ Luxus   ❑ Kein Luxus
- **Ein teures Auto kaufen**   ❑ Luxus   ❑ Kein Luxus
- **Gesund sein**   ❑ Luxus   ❑ Kein Luxus
- **Sich treu bleiben**   ❑ Luxus   ❑ Kein Luxus
- **Ein hübsches Haus besitzen**   ❑ Luxus   ❑ Kein Luxus
- **In den Urlaub fahren**   ❑ Luxus   ❑ Kein Luxus
- **Ein Job, den man liebt**   ❑ Luxus   ❑ Kein Luxus
- **Anderes:** ....   ❑ Luxus   ❑ Kein Luxus

Schreiben Sie auf, welche materiellen und immateriellen

Luxusgüter Sie sich gern leisten würden:

....

....

L
M

Mitgefühl

Mitgefühl befreit von der Wut. Wie könnte man wütend auf jemanden sein, in den man sich hineinversetzt, den man versteht und an dessen Situation man ehrlich Anteil nimmt?

Mitgefühl hilft dabei, einen kühlen Kopf und einen klaren Geist zu bewahren, um konstruktive Lösungen zu finden, anstatt sich von negativen Gefühlen blenden und hinreißen zu lassen …

„Für mich stellen Liebe und Mitgefühl eine allgemeine, eine universelle Religion dar. Man braucht dafür keine Tempel und keine Kirche, ja nicht einmal unbedingt einen Glauben. Wenn man einfach nur versucht, ein menschliches Wesen zu sein mit einem warmen Herzen und einem Lächeln, das genügt."

Dalai Lama

Welchen Personen werden Sie zukünftig mehr Mitgefühl entgegenbringen?

....

....

....

Was hat das Mitgefühl in Ihren Beziehungen verändert?

....

....

....

....

Musik

Jeder weiß: Musik beruhigt die Gemüter.

Weil sie uns bewegt, uns still werden lässt, uns erlaubt, über die Grenzen unserer Gefühle hinauszugehen. Also, bei nächster Gelegenheit: Hören Sie Musik, machen Sie Musik oder singen Sie so laut Sie können!

Erstellen Sie eine Gute-Laune-Playlist:

1. ....

2. ....

3. ....

4. ....

5. ....

6. ....

7. ....

8. ....

9. ....

10. ....

Mut

„Das Glück ist mit den Mutigen.“

TRAUEN SIE SICH, IHRE TRÄUME UND LEIDENSCHAFTEN ZU LEBEN.
WELCHE RISIKEN GEHEN SIE EIN?

Was trauen Sie sich diese Woche?

- ❑ **Eine Person ansprechen**
- ❑ **Ein Gefühl gestehen**
- ❑ **Eine direkte Frage stellen**
- ❑ **Nein sagen**
- ❑ **Ja sagen**
- ❑ **Anderes:** ....

Schreiben Sie auf, in welchen Situationen Sie Mut bewiesen haben:

....

....

....

Was hat es Ihnen gebracht?

....

....

....

....

Persönliche Notizen

N - R

Naturell

Einer der Schlüssel zu mehr Lebensqualität ist **das Annehmen der eigenen Wesensart.** Hören Sie auf, sich darüber zu ärgern, dass Sie nicht so oder so sind. Versuchen Sie nicht, jemand anderes zu sein … Ganz einfach und kurz: **Respektieren Sie sich selbst!**

Berücksichtigen Sie Ihr Naturell, wenn Sie Entscheidungen in Ihrem Leben treffen. Akzeptieren Sie Ihre Stärken und Schwächen. Machen Sie das Beste aus diesen Voraussetzungen und versuchen Sie, einen Schritt weiterzukommen.

Beschreiben Sie hier Ihr Naturell:

Stärken:

....

....

....

....

....

Schwächen:

....

....

....

....

....

Neues

Neues bringt Farbe in Ihren Alltag. Ein frischer Wind, ein berauschender Duft … Wenn Sie mal wieder grummelig sind: Los geht's! Bringen Sie etwas Neues in Ihr Leben. **Das hebt garantiert die Stimmung!**

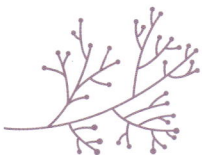

Welche kleinen Neuerungen könnten Sie in Ihren Alltag bringen?

- ❑ eine neue Frisur
- ❑ ein neues Outfit
- ❑ neue Deko
- ❑ eine neue Feuchtigkeitscreme
- ❑ ein neues Restaurant für die Mittagspause
- ❑ eine neue Freundschaft
- ❑ ein neues Hobby
- ❑ andere Ideen: ....

....

Notizen: ....

....

....

....

....

....

Offenheit

Offenheit ist die Kunst, Andersartigkeit zu begegnen. Das bedeutet: eine aufgeschlossene Einstellung gegenüber Menschen und Dingen zu haben. Und: neugierig und bereit sein, neue Erfahrungen zu machen.

Offenheit erlaubt, sich neue Gelegenheiten zu verschaffen und sich auf allen Ebenen zu bereichern. Dazu kann es wichtig sein, sich Dinge bewusst zu machen und **sich von gewissen Urteilen zu befreien.**

Entspricht Ihre Wahrnehmung tatsächlich der Realität einer Person, eines Ortes, einer Kultur?

Viele Menschen haben Angst vor Unbekanntem. Offen sein bedeutet auch **zu akzeptieren, auf etwas Unbekanntes zuzugehen,** und Furcht zuzulassen.

An sich selbst arbeiten und die eigenen Ängste benennen, ist der erste Schritt, diese zu überwinden und Mittel und Wege zu finden, **die eigene „Komfortzone" zu verlassen.**

• **Was werden Sie unternehmen, um offen zu sein?**

....

....

• **Was würden Sie gern entdecken, erforschen?**

....

....

• **Was bremst sie aus? Welche Ängste haben Sie vielleicht schon identifiziert?**

....

....

Optimismus

Optimismus ist der Versuch, auch in den schlimmsten Situationen etwas Positives zu sehen. Es ist die Gewissheit, dass sich alles auf die eine oder andere Weise lösen lässt.

Selbstvertrauen haben, Vertrauen in das eigene Können und warum nicht auch in die Welt! Optimismus ist natürlich keine Lösung für alles. Es geht ganz einfach um **eine positive Einstellung, sich Situationen zu stellen** und gelassen zu handeln (im Gegensatz zur Angst, die lähmt).

ZUM NACHDENKEN:

„Ein Pessimist ist jemand, der Schwierigkeiten
aus seinen Gelegenheiten macht,
und ein Optimist ist jemand, der Gelegenheiten
aus seinen Schwierigkeiten macht."

Harry Truman

SAGEN SIE SICH DIESEN SATZ SO OFT WIE NÖTIG AUF:

„Ich habe Vertrauen in mich und in die Welt,
um mich Situationen zu stellen und neu durchzustarten."

Erfinden Sie ein eigenes optimistisches Mantra:

....

....

....

....

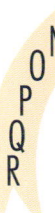

Pause

Nichts bringt Ihnen mehr Erholung als ein kurzes Schläfchen am Mittag, nach dem Sie **mit neuer Energie wieder durchstarten** können!

Überlegen Sie nicht lange und lassen Sie sich zehn Minuten ins Land der Träume gleiten, bis zu einer halben Stunde. Genießen Sie die wohlige Wärme des Betts, spüren Sie, wie sich Ihre Muskeln entspannen, lächeln Sie, **atmen Sie ruhig und tief ...**

Lassen Sie sich treiben, träumen Sie!
Sie werden vollkommen belebt wieder aufwachen!

Notieren Sie Ihre genussvollen Erfahrungen und verankern Sie diese in Ihren Gedanken:

....

....

....

....

....

....

....

....

Positive Gedanken

Ich fordere Sie heraus, **positiv zu denken**: Versuchen Sie für drei, fünf und dann sieben Tage, **keinen einzigen negativen Gedanken** zuzulassen, sie abzublocken, sobald sie aufkommen, und sie durch positive Gedanken des Annehmens, des Mitgefühls, der Liebe und des Friedens zu ersetzen. Das ist mit Sicherheit nicht einfach, aber umso mehr Sie üben, desto leichter wird es Ihnen gelingen!

Zum Nachdenken:

„Das Paradies ist kein Ort, sondern ein Zustand des Geistes."

Georges Barbarin

Notieren Sie, welche Veränderungen sich in Ihrem Leben ergeben:

....

....

....

....

....

....

....

....

Das Prinzip der positiven Ausstrahlung: Indem Sie positiv denken, fühlen Sie sich nicht nur unglaublich viel besser, sondern **Sie strahlen auch Positives aus,** was wiederum Menschen und Dinge anzieht, die Ihnen guttun.

Psyche

Machen Sie sich bewusst, wie sehr Ihre Gedanken Ihre Psyche beeinflussen können. Wer ist Herr über Ihre Gedanken? Sie selbst! Es sind die Gedanken, die Ihre Wahrnehmung der Realität prägen.

Ändern Sie diese Gedanken und Ihre Realität wird sich ändern.
In „Jetzt! Die Kraft der Gegenwart" sagt Eckhart Tolle, dass Sie Ihren inneren Frieden deshalb nicht finden können, weil **„Ihr Verstand so viel Lärm macht"**.

Um Ihren Geist zur Ruhe zu bringen, können Sie:

- **den Kopf freibekommen, indem Sie alles aufschreiben, was Ihnen Sorgen bereitet.**
- **Beschäftigungen finden, die Sie zur Ruhe kommen lassen (siehe „Gelassenheit").**
- **positiv denken und eine andere Perspektive einnehmen.**

Schreiben Sie auf, in welchen Lebenssituationen Sie mentale Stärke gezeigt haben.

Finden Sie heraus, was Ihre Psyche positiv beeinflusst und was sie angreift:

....

....

....

....

Querdenken

Wer kennt ihn nicht: den Tunnelblick in scheinbar ausweglosen Situationen? Wenn man zu nah dran ist, erkennt man die Lösung nicht!

Wechseln Sie die Perspektive, denken Sie quer, und **werfen Sie einen „Blick von oben" auf die Situation.** Anstatt sich auf ein winziges Detail zu konzentrieren, sollten Sie **das gesamte Problem betrachten,** aus dem richtigen Blickwinkel!

Einmal querdenken — das bedeutet auch zu lernen, wie man ein Problem relativieren kann, das Sie in diesem Moment so sehr beschäftigt:

Wie wird das Ganze in einer Woche aussehen?
In einem Monat? In einem Jahr?
In zehn Jahren?

Worin bestehen im Moment Ihre Probleme?

....

....

....

....

....

Auf einer Skala von 1 bis 10: Wie groß ist Ihr Ärger?
(1 = kleines Ärgernis, 10 = Wutanfall)

Auf einer Skala von 1 bis 10: Wie viel Bedeutung hat dieses Problem für Sie?
(1 = eine minimale, 10 = eine entscheidende)

Setzen Sie die beiden Ergebnisse in Verhältnis zueinander!

Ruhe

Denken Sie an die Ruhe, die Sie im **tiefen Schlaf** durchströmt: In diesem Moment kann Sie nichts stören und nichts macht Ihnen Angst. Sie liegen nur da, ganz friedlich.

Indem Sie regelmäßig **meditieren,** können Sie sich auch in diesen Zustand versetzen, wenn Sie wach sind. Schließen Sie die Augen. Atmen Sie tief ein und aus.

Methode:

1. **Lassen Sie keine Gedanken zu.**
2. **Lassen Sie jede Anspannung los.**
3. **Lassen Sie eine Leere in Ihrem Kopf entstehen und lächeln Sie.**
4. **Stellen Sie sich eine Situation vor, in der Sie sich wohlfühlen und nichts als Frieden empfinden.**

Notieren Sie hier Ihre Erinnerungen an die absolute Ruhe

(in Ihrer Meditation können Sie sich wieder in diese Situation hineinversetzen):

....

....

....

....

....

....

....

Persönliche Notizen

S - T

Saat

Wenn Sie etwas aussäen, haben Sie **Geduld** und **Vertrauen:** Früher oder später wird daraus etwas wachsen.

Bevor Sie die Samen in alle Winde verstreuen, sollten Sie natürlich über Ihr Projekt nachdenken, Ihre Ziele genau abstecken. So trennen Sie die guten (vernünftiger Ansporn, Kohärenz, Berechtigung) von den schlechten Körnern (falsche Fährten, falsche Gründe).

„Genießende glauben, dem Baum liege es an der Frucht;
die Schaffenden wissen, dass es ihm am Samen lag."

Nietzsche

Bevor Sie einen Weg einschlagen und Ihre Samenkörner streuen, testen Sie die Erfolgschancen:

- Wägen Sie die Risiken ab, die Faktoren, die Ihr Vorhaben negativ beeinflussen können.

- Welche Türen stehen Ihnen offen? Bewerten Sie die Vorzüge des Projektes.

- Benennen Sie Ihr Ass im Ärmel, Ihre Qualitäten, Ihre Mittel, die zum Erfolg führen.

- Bedenken Sie Ihre Defizite, die eventuellen Wissenslücken, Ihre Schwachstellen, und überlegen Sie, wie Sie sie beheben oder verbessern können.

Welche Samenkörner haben Sie kürzlich ausgesät?

....

....

....

Selbstvertrauen

War Ängstlichkeit jemals ein guter Ratgeber beim Lösen von Problemen? Nein. Am besten tritt man den unterschiedlichsten Lebenssituationen mit einer gewissen Sicherheit entgegen, auf die eigenen Fähigkeiten vertrauen zu können. Vergessen Sie nie, dass Ihre Gedanken einen beachtlichen Einfluss auf Ihre Psyche haben.

Und wenn Sie sich ein Vertrauens-Mantra ausdenken würden?

Überlegen Sie sich einen kurzen, positiven Satz im Präsenz. Finden Sie eine Formulierung, die „gut klingt". Schreiben Sie sie zehnmal hintereinander auf, um ihren tieferen Sinn tief in sich einzusaugen. Beispiel:

„Ich bin erfolgreich, in allem was ich tue."

....

....

....

....

Immer wenn Sie zweifeln oder sich überfordert fühlen, schließen Sie die Augen und wiederholen Sie in Gedanken diesen Satz. Die Satzmelodie wird Sie beruhigen und die grauen Wolken aus Ihrem Kopf vertreiben.

Nutzen Sie die Gelegenheit, um ihr Gesicht zu entspannen, lockern Sie Ihre Muskeln und atmen Sie ruhig und tief ein und aus.

ST

Sex

Das gehört zu den wirklich guten Dingen im Leben. Passen Sie also auf, dass Routine oder Ärger Ihnen nicht den Spaß nehmen. **Weniger Langeweile und mehr Leidenschaft!** Seien Sie mutig und kreativ!

Wie bringen Sie mehr Würze in Ihr Sexleben?

- **Tun Sie, als ob es das erste Mal wäre ...**
- **Tun Sie, als ob Sie sich gerade erst kennenlernen würden ...**
- **Beginnen Sie mit dem Ende und hören Sie mit dem Anfang auf ...**
- **Positionen auswürfeln ...**
- **Accessoires benutzen ...**

Wer von Sex spricht, redet auch vom **Orgasmus!** Zu zweit oder allein, schön sind sie alle. Haben Sie keine Scheu, sich dieses Vergnügen zu schenken ... Es ist wissenschaftlich bewiesen: Es ist gut für die Gesundheit!

Die Vorzüge eines Orgasmus:

1. Bei jedem Orgasmus steigt der Hormonpegel von DHEA. Das Hormon **stärkt Ihr Immunsystem und das Bindegewebe, es ist gut für das Gedächtnis und wirkt wie ein natürliches Antidepressivum.**

2. Es werden außerdem Endorphine ausgeschüttet, Neurotransmitter des zentralen Nervensystems, die ähnlich wie Morphine **euphorisierend und schmerzlindernd** wirken.

3. Der Testosteron- und Östrogenspiegel in Ihrem Körper bleibt stabil, was dazu beiträgt, Ihre **Knochen und Muskeln zu stärken und Ihr Herzkreislaufsystem in Schwung zu halten.**

Sinn

Was gibt dem Leben einen Sinn? Manchmal ist es schwierig, auf diese Frage eine Antwort zu finden, wenn das Leben an gewissen Tagen große Anstrengung verlangt und Sie den Mut verlieren lässt. **Besinnen Sie sich** in diesen Momenten immer wieder **auf das Wesentliche.**

Diese Dinge könnten Sinn stiften:

- **Die Freude, am Leben zu sein**
- **Die Freude über alle möglichen Lebensmodelle**
- **Lieben**
- **Geben**
- **Teilen**
- **Versuchen, das Beste zu geben**
- **Versuchen voranzukommen, egal von wo man startet**
- **Das Beste aus dem Leben machen**

Was gibt Ihrem persönlichen Leben einen Sinn?

....

....

....

....

„Selbst wenn das Leben keinen Sinn hat,
was hindert uns daran, ihm einen zu geben?"

Lewis Carroll

Notizen: ....

....

....

Sinneswahrnehmung

Nutzen Sie Ihre fünf Sinne und ergreifen Sie jede Gelegenheit, sie weiterzuentwickeln. **Versuchen Sie zu hören, schmecken, schnuppern, berühren, sehen, als würden Sie Ihre Umgebung das erste Mal erkunden.**

Sie werden nicht nur Ihre Empfindungen um ein Vielfaches steigern – was wirklich sehr angenehm ist – sondern es wird Ihnen auch immer besser gelingen, sich mit dem Hier und Jetzt zu verbinden. Und das ist hervorragend, um jeden Augenblick zu genießen und die Sorgen zu vergessen.

Beschreiben Sie Ihre letzte Sinneswahrnehmung mit den Augen:

....

....

....

....

....

....

Beschreiben Sie Ihre letzte Sinneswahrnehmung mit der Haut:

....

....

....

....

....

....

Beschreiben Sie Ihre letzte Sinneswahrnehmung mit der Nase:

....

....

....

....

....

Beschreiben Sie Ihre letzte Sinneswahrnehmung mit den Ohren:

....

....

....

....

....

Beschreiben Sie Ihre letzte Sinneswahrnehmung mit der Zunge:

....

....

....

....

....

....

Tagebuch

Diese Idee funktioniert immer, um Ihre Stimmung in Sekundenschnelle zu verbessern: **Tragen Sie Ihre Fortschritte und alle positiven Ereignisse (egal ob groß oder klein) in einem Tagebuch ein!**
Das menschliche Hirn tendiert ärgerlicherweise dazu, sich an die schlechten Dinge eher zu erinnern als an die guten. Mit einem Tagebuch **behalten Sie immer den Überblick über alles Gute, das Ihnen passiert.** Grund genug, Ihre selektive Erinnerung umzugewöhnen und ihr eine rosarote Brille aufzusetzen.

JA, ICH HABE ENTSCHIEDEN, EIN TAGEBUCH DER GUTEN DINGE ZU FÜHREN.

...., den ....
Ort   Datum

Welche kleinen und großen positiven Ereignisse sind Ihnen in der letzten Zeit begegnet?

....

....

....

....

....

....

....

....

Talente

Zu Ihren Talenten zählt alles, **was Sie mit Leichtigkeit, gut und gerne machen.** Um zu zeigen, dass Sie welche haben, müssen Sie Ihr Können nicht unbedingt im Scheinwerferlicht unter Beweis stellen.

Talente machen aus Ihnen eine **einzigartige Person** und **steigern Ihre Selbstachtung.** Achten Sie darauf, diese bei Ihren Zielen und Plänen zu berücksichtigen, denn sie sind **der Schlüssel zu deren Erfüllung.**

- **Talent zum Kochen**   ❏ Ja   ❏ Nein
- **Organisationstalent**   ❏ Ja   ❏ Nein
- **Talent zum Basteln**   ❏ Ja   ❏ Nein
- **Gastfreundschaft**   ❏ Ja   ❏ Nein
- **Talent zum Schreiben/Malen/Singen**   ❏ Ja   ❏ Nein
- **Talent zum Umgang mit Kindern**   ❏ Ja   ❏ Nein
- **Talent, eine schöne Atmosphäre zu erzeugen**   ❏ Ja   ❏ Nein

Bringen Sie Ihren Talenten genug Anerkennung entgegen?

❏ Ja   ❏ Nein   ❏ Geht so

Setzen Sie Ihre Talente ein, um Ihre privaten und/oder beruflichen Ziele zu erreichen?

❏ Ja   ❏ Nein

Wie könnten Sie besser zeigen, was Sie können?

....

....

....

S
T

Toleranz

Wäre die Welt nicht viel freundlicher, wenn alle etwas mehr Nachsicht üben, Verständnis und Respekt zeigen würden?

Wem gegenüber könnten Sie mehr Toleranz zeigen?

- ❏ **Menschen, die mehr Zeit brauchen**
- ❏ **Menschen, die etwas nicht hinbekommen**
- ❏ **Menschen, die sich aufregen**
- ❏ **Menschen, die schlecht Auto fahren**

Beschreiben Sie Situationen, in denen Sie nicht genug Toleranz gezeigt haben:

....

....

....

Welche Vorteile könnten Sie daraus ziehen, sich beim nächsten Mal nachsichtiger zu zeigen?

....

....

....

....

....

Tränen

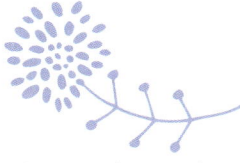

Sortieren Sie aus: Was wollen Sie im Leben und was möchten Sie nicht? Trauen Sie sich zu weinen, wenn Sie das Bedürfnis danach haben. **Weinen reinigt die Seele von ihren Sorgen.** Nicht zu viel, nur so viel wie nötig. Nachdem Sie sich Ihre Gefühle bewusst gemacht haben, gehen Sie zur Aktion über und ändern Sie, was geändert werden kann.

„Wer niemals weint, ist voll von Tränen."

Maurice Chapelan

- **Das, was Sie heute in Ihrem Leben zum Weinen bringt:**

....

....

- **Das, was Sie in Ihrem Leben ändern möchten:**

....

....

- **Was werden Sie in die Tat umsetzen, um Ihr Ziel zu erreichen?**

....

....

....

....

Träume

Glauben Sie an Ihre Träume! **Träume bringen Augen zum Leuchten und machen das Leben schöner ...** Was haben Sie zu verlieren, wenn Sie versuchen, sie wahrwerden zu lassen? Pessimisten sagen vielleicht, dass man besser mit beiden Füßen fest auf der Erde bleiben sollte ... Erwidern Sie, dass man sehr wohl **mit beiden Füßen auf der Erde bleiben und gleichzeitig nach den Sternen greifen** kann.

„Mache aus deinem Leben einen Traum und aus deinem Traum eine Realität."

Antoine de Saint-Exupéry

Notieren Sie hier Ihre Träume.

Was können Sie ganz konkret unternehmen, um daraus eine Realität werden zu lassen?

....

....

....

....

Bewerten Sie, wie weit Sie von Ihrem Traum entfernt sind. Schiebe Sie den Cursor immer näher an Ihr Ziel heran:

Mein Traum ist:

❑ **unerreichbar** ❑ **sehr weit weg** ❑ **weit weg**

❑ **ziemlich nah** ❑ **nah** ❑ **erreicht!**

ZUM NACHDENKEN:

„Es ist höchste Zeit, die Sterne wieder anzuzünden."

Guillaume Apollinaire

Persönliche Notizen

U - V

Umgebung

Sorgen Sie für eine ordentliche, saubere und einladende Umgebung. Die Energie, die von einem Ort ausgeht, hat unmittelbaren Einfluss auf Ihre eigene Energie.

„Nicht muss das Haus dem Besitzer, sondern der Besitzer dem Haus Ehre machen."

Cicero

- Ist Ihre Umgebung aufgeräumt? ❑ Ja ❑ Nein

- Ist Ihre Umgebung sauber? ❑ Ja ❑ Nein

- Stehen Ihre Möbel so, dass sie Ihre Laufwege nicht stören? ❑ Ja ❑ Nein

- Besitzen Sie eine oder mehrere Grünpflanzen (echte oder falsche)? ❑ Ja ❑ Nein

- Hängen Bilder an Ihren Wänden, die Sie positiv stimmen? ❑ Ja ❑ Nein

- Haben Sie persönliche Fotos, die Herzlichkeit ausstrahlen? ❑ Ja ❑ Nein

- Besitzen Sie dekorative Elemente wie Kerzen oder Kunstgegenstände? ❑ Ja ❑ Nein

- Haben Sie über die Wirksamkeit der Farben nachgedacht, mit denen Sie Ihre Wände gestrichen haben? ❑ Ja ❑ Nein

- Werfen Sie regelmäßig kaputte und abgenutzte Gegenstände weg? ❑ Ja ❑ Nein

Kleine und große Vorsätze, um Ihre Umgebung zu verbessern:

....

....

....

Veränderung

Veränderungen sind wie Muskeln – man muss sie trainieren.

Im ersten Schritt: Üben Sie, etwas zu verändern, indem Sie kleine Entscheidungen treffen, z.B. eine Gewohnheit ablegen, eine neue Frisur, die Wände umstreichen …

Im zweiten Schritt: Treffen Sie „mittelgroße Entscheidungen", z.B. fünf Kilo abnehmen, nicht mehr Rauchen, einen Sport beginnen, neue Kontakte knüpfen …

Im dritten Schritt: Nun stehen große Entscheidungen an, z.B. ein neuer Job, ein neuer Partner, umziehen …

Überlegen Sie jeden Tag, wie Sie etwas verbessern könnten. Die Theorie des „Schmetterlingseffekt" besagt, dass auch der kleinste Flügelschlag eine Reaktion auslösen kann, die schlussendlich zu einer echten Veränderung führt.

„Fürchte dich nicht vor dem langsamen Vorwärtsgehen, aber fürchte dich vor dem Stehenbleiben."

Chinesisches Sprichwort

Finden Sie heraus, was Sie in Ihrem Leben ändern möchten, indem Sie Ihre Zufriedenheit mit den folgenden Bereichen ankreuzen:

- **Liebe** ☺ ☺ ☹
- **Beruf** ☺ ☺ ☹
- **Familie** ☺ ☺ ☹
- **Freundeskreis** ☺ ☺ ☹
- **Aussehen** ☺ ☺ ☹
- **Gemützustand** ☺ ☺ ☹
- **Umfeld** ☺ ☺ ☹
- **Gesundheit** ☺ ☺ ☹

U V

Wenn Sie ☹ angekreuzt haben, beschreiben Sie ...

1. womit Sie genau unzufrieden sind (Diagnose).
2. was Sie sich wirklich wünschen würden (Vision).
3. kreative Lösungen, um dieses Ziel zu erreichen (alles, was Ihnen in den Kopf kommt).
4. einen konkreten und realistischen Plan, um eine Veränderung zu erreichen.

☹ Diagnose

....

....

☺ Vision

....

....

❉ Lösungs-Brainstorming

....

....

Entwickeln Sie einen Aktionsplan:

- **Ziele:** ....

  ....

- **Mögliche Hindernisse:** ....

- **Trümpfe:** ....

- **Zieldatum:** ....

- **Eingesetzte Mittel:** ....

- **Unterstützende Personen:** ....

Verantwortung

Hören Sie auf, andere oder äußere Umstände dafür verantwortlich zu machen, was Ihnen passiert, und alles wird sich ändern.

VERANTWORTUNG ÜBERNEHMEN BEDEUTET AUCH, SELBST DIE ZÜGEL IN DIE HAND ZU NEHMEN UND VERÄNDERUNGEN ANZUSTOẞEN.

- **Was würde passieren, wenn Sie aufhören, andere zu verurteilen und den Fehler bei Ihnen suchen?**

....

....

- **Was würde passieren, wenn Sie Verantwortung für Ihr Handeln übernehmen, statt über Ihre Situation zu jammern?**

....

....

- **Ist es angenehm/bequem/wertschätzend für Ihr Selbstbewusstsein, in der Opferrolle zu sein?**

....

....

- **Was würde passieren, wenn Sie aufhören, sich zu beschweren?**

....

....

- **Was würde passieren, wenn Sie Entscheidungen treffen, die zu Veränderungen führen, anstatt die Dinge zu ertragen?**

....

....

Vergnügen

Macht es das Leben einfacher, wenn Sie sich auf die tragischen Momente konzentrieren? Mit Sicherheit nicht!

Was wäre, wenn Sie entscheiden, das Leben weniger ernst zu nehmen?

Was wäre, wenn Sie entscheiden, dass das Leben ein Spiel ist?

Finden Sie heraus, welches Ihre Leidenschaften sind. Für was können Sie sich begeistern? **Erinnern Sie sich an das Kind in Ihnen und bringen Sie Leichtigkeit in Ihren Alltag.**

TRAUEN SIE SICH, IHRE TRÄUME ZU VERWIRKLICHEN!

Wie bringen Sie mehr Fröhlichkeit in Ihr Leben?

- **Spielen Sie häufiger mit Ihren Kindern.**
- **Spielen Sie häufiger mit Ihren Freunden (Karten, Gesellschaftsspiele ...).**
- **Überlegen Sie sich Überraschungen für Ihre Lieben.**

- **Andere Ideen:** ....

....

....

....

....

Suchen Sie sich ein Projekt, das Ihnen Spaß macht:

....

....

....

....

Verlangen

Auf das eigene Verlangen zu hören ist unerlässlich für eine gute Gemütsverfassung. **Finden Sie heraus, was jeden Tag dazu beiträgt, Ihnen Freude zu machen.** Auch die kleinen Dinge.

Was berührt Sie, was gibt Ihnen Kraft, was begeistert Sie? Allein die Tatsache, dass Sie Lust auf etwas haben, führt zu einer positiven Grundhaltung und wirkt wie ein Motivations-Motor, der Sie handeln und vorankommen lässt.

SCHÄMEN SIE SICH NICHT DAFÜR, IHRE LUST AUSZULEBEN!

Falls Sie einmal ein Verlangen nicht befriedigen können, sollten Sie so klug sein, Ihren Ärger darüber zu umgehen und sich auf etwas anderes konzentrieren, das Sie jetzt zufrieden macht. Hand aufs Herz: Die Wunder der Natur, ein See oder schöne Bäume, können genauso wunschlos glücklich machen wie eine neue Marken-Handtasche.

Worauf haben Sie im Moment Lust?

....

....

....

....

....

....

....

....

Verpflichtung

Die Welt gehört den Pflichtbewussten. Viele Menschen geben auf, sind schnell entmutigt, „lassen eine Sache unter den Tisch fallen" … Bleiben Sie dabei!

1. Lernen Sie, Entscheidungen zu treffen.

2. Bleiben Sie bei Ihren Entscheidungen.

3. Spüren Sie, wie Ihre Selbstachtung und Ihre Zufriedenheit in dem Maße wachsen, wie Sie Verantwortung aufgrund Ihrer Verpflichtung übernehmen.

Was haben Sie sich vorgenommen? Welche Verpflichtungen werden Sie in der nächsten Zeit eingehen?

❑ **Pünktlich sein?**

❑ **Mit dem Rauchen aufhören?**

❑ **Öfter für Ihre Kinder da sein?**

❑ **Fünf Kilo abnehmen?**

❑ **Andere:** ....

....

....

....

....

Verzeihen

Jemandem die Hand reichen und Feindseligkeiten aus der Welt schaffen: Dieses Geschenk machen Sie sich selbst. Lassen Sie nicht zu, dass kleine Streitigkeiten Ihnen den Spaß am Leben verderben. Machen Sie den ersten Schritt zur Versöhnung.

> *„Wer Rache nimmt, ist nicht besser als sein Feind;*
> *verzichtet er aber darauf, dann ist er ihm überlegen."*
>
> Englisches Sprichwort

Wem könnten Sie eine Versöhnung anbieten?

....

....

Welchen imaginären Brief würden Sie dieser Person schreiben? Grundgerüst:

- **Fakten beschreiben: „Folgendes ist passiert":** ....

....

- **Ihre Gefühle beschreiben: „Ich habe mich dabei** ....

.... **gefühlt."**

- **Beschreiben, was Sie vermissen: „Ich habe das Bedürfnis**

nach .... **"**

- **„Ich kann verstehen, dass du in der Vergangenheit unter**

.... **gelitten hast."**

„Heute möchte ich dir verzeihen."

U
V

Vorsorge

„Vorsorge ist die beste Medizin."

Französische Lebensweisheit

Ihre Gesundheit ist Ihr kostbarster Schatz. Pflegen Sie ihn jeden Tag und Sie werden es hundertfach zurückbekommen.

Haben Sie diese Vorsorge-Maßnahmen bereits ausprobiert?

- **Akkupunktur** ❑ **Ja** ❑ **Nein**
- **Massage** ❑ **Ja** ❑ **Nein**
- **Yoga** ❑ **Ja** ❑ **Nein**
- **Sophrologie** ❑ **Ja** ❑ **Nein**
- **Osteopathie** ❑ **Ja** ❑ **Nein**

Was werden Sie unternehmen, um Ihre Lebensweise zu verbessern?

....

....

....

....

....

....

....

Persönliche Notizen

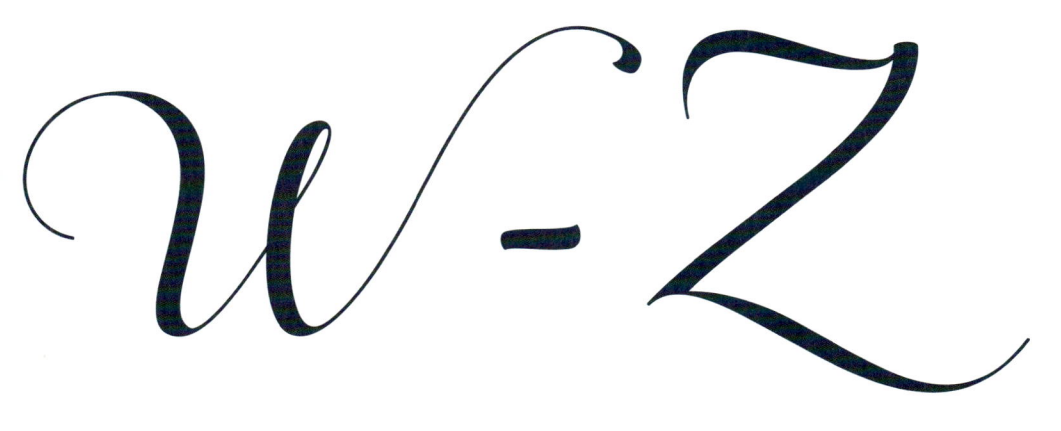

Wasabi

Lieben Sie diese asiatische Paste zu Sushi auch so sehr? Warum erfinden Sie nicht einen imaginären Wasabi, um Ihrem Leben mehr Würze zu verleihen?

Was werden Sie unternehmen, um mehr Wasabi in Ihr Leben zu bringen?

❑ **Ein atemberaubendes Kleid für einen tollen Auftritt kaufen**

....

....

❑ **Zauberhafte Überraschungen für die Liebsten überlegen**

....

....

❑ **Es wagen, ein ungewöhnliches Unternehmen zu starten**

....

....

❑ **Andere Ideen:** ....

....

....

....

Werte

Überprüfen Sie, ob Ihr **Lebensentwurf** den **Werten** entspricht, die tief in Ihnen verwurzelt sind. Gibt es eine große Diskrepanz zwischen dem, was Sie leben und Ihrem Wertesystem, besteht die Gefahr, dass Sie darunter leiden.

Bringen Sie Ihre Werte in eine Reihenfolge und beginnen Sie mit dem wichtigsten:

- **Nr. ....: Geld**
- **Nr. ....: Familie**
- **Nr. ....: Anerkennung**
- **Nr. ....: Beruflicher Erfolg**
- **Nr. ....: Sozialleben**
- **Nr. ....: Zeit zum Leben**
- **Nr. ....: Liebe**
- **Nr. ....: Andere:** ....
- **Nr. ....: Andere:** ....
- **Nr. ....: Andere:** ....

Beschreiben Sie hier den idealen Lebensentwurf, der Ihrem Wertesystem entspricht:

....

....

....

....

....

Wesen

Denken Sie darüber nach, wer Sie wirklich sind, **schätzen Sie das Individuum tief in Ihnen richtig ein und bewerten Sie es. Dieses „Wesen" kann Ihnen nichts und niemand nehmen!**

- „Ich bin eine strahlende Persönlichkeit ..."
- „Ich bin eine liebevolle Person ..."
- „Ich bin eine gute Mutter/ein guter Vater ..."
- „Ich bin eine leidenschaftliche Person ..."
- „Ich bin jemand, auf den man zählen kann ..."

Jetzt sind Sie dran! Beschreiben Sie mit positiven Eigenschaften, wer Sie wirklich sind:

„Ich bin ....

.... "

„Ich bin ....

.... "

„Ich bin ....

.... "

„Ich bin ....

.... "

„Ich bin ....

.... "

Wichtig

Was ist wirklich wichtig? Lernen Sie den Umgang mit der **„Relevanz-Skala"** unten, um die Ereignisse mit genügend Abstand zu bewerten.

Nicht so wichtig • Wichtig • Äußerst wichtig • Absolut notwendig

Wenn Sie denken, dass es äußerst wichtig ist, Ihre Arbeit zu beenden, bevor Sie Ihren Liebsten oder Ihre Kinder treffen, ist es vielleicht an der Zeit, die Skala zur Hand zu nehmen. Fragen Sie sich, ob Sie nicht gerade am absolut Notwendigen vorbeischlittern …

• Liste der absolut notwendigen Dinge:

....

....

....

• Liste der wichtigen Dingen:

....

....

....

• Liste der nicht so wichtigen Dinge:

....

....

....

Hat jemals einer im Sterbebett bereut, dass er nicht fleißig genug gearbeitet hat?

W
X
Y
Z

Wille

Wenn Sie Ihren Willen trainieren, können Sie große Veränderungen in Ihrem Leben erreichen! Der Wille besteht aus **Selbstdisziplin und Ausdauer.**
Er gibt Ihnen die Macht, **die Zügel selbst in die Hand zu nehmen** und Ihre Ziele zu konkretisieren. Wenn Ihr „Willensmuskel" im Moment ein wenig verkümmert ist, beginnen Sie damit, **kleine, erreichbare Ziele** festzulegen. Sammeln Sie kleine Erfolgserlebnisse, die Sie in einem Heft festhalten. Fordern Sie Ihren Willen immer weiter heraus. Denken Sie immer wieder daran, welche Vorzüge das Erreichen Ihres finalen Ziels für Sie bringt, das macht die Anstrengung erträglicher …

ZUM NACHDENKEN:
„Wo ein Wille, da ein Weg."

In welchen Bereichen mangelt es Ihnen im Moment an Willensstärke?

....

Welche Vorteile hätte es für Sie, wenn Sie mehr Willen zeigen würden?

....

Verpflichten Sie sich, Schwarz auf Weiß, die Dinge zu verändern:

„Ich nehme mir vor .... "

„Ich nehme mir vor .... "

Ort, Datum: ....

Unterschrift: ....

Wohlwollen

Den Dingen mit Wohlwollen zu begegnen kann Ihren Blick auf die Welt deutlich verändern. Es erlaubt Ihnen, Situationen nicht zu beurteilen, sondern verständnisvoll anzunehmen.

Der Vorteil: Sie sind weniger genervt und leiden nicht unter dem Verhalten der anderen.

In welchen Situationen reagieren Sie besonders genervt?

....

....

(mit Ihrem Partner/Ihrer Partnerin)

....

....

(mit Ihrem Kind)

....

....

(mit anderen Personen)

Was passiert, wenn Sie Ihre Einstellung ändern und entscheiden, das Verhalten dieser Person durch einen wohlwollenden Filter zu sehen?

....

....

....

....

....

Wortschatz

Sie ahnen nicht, welchen Einfluss Ihr Vokabular auf den Lauf Ihrer Gedanken hat! Negative Wörter konditionieren Ihren Verstand dazu, die Dinge von ihrer schlechten Seite zu sehen.

Im Gegenteil: Ein positives Vokabular trägt dazu bei, Situationen mit einem anderen Blick wahrzunehmen. Es stärkt Ihre Psyche und gibt Ihnen Selbstvertrauen und Energie, um zu handeln.

Spüren Sie negative Begriffe in Ihrem Wortschatz auf und ersetzen Sie sie durch positive Formulierungen:

☹	☺
• „Ich bin nicht abgeneigt ..."	„Das interessiert mich."
• „Das mag ich nicht ..."	„Das fände ich besser ..."
• „Das kann ich nicht ..."	„Ich lerne gerade."
• „Ich habe Angst ..."	„Ich habe Vertrauen."

☹ „ .... "

☺ „ .... "

☹ „ .... "

☺ „ .... "

☹ „ .... "

☺ „ .... "

Wow!

Notieren Sie hier die „Wow-Momente" in Ihrem Leben – große Emotionen, intensive Freude. Freuen Sie sich darüber. **Rufen Sie sich diese Ereignisse so oft wie möglich in Erinnerung.** Das stärkt Ihre Psyche und lässt Sie das Leben durch einen **positiven Filter** sehen.

- **Wow-Moment Nr. 1:** ....

....

....

- **Wow-Moment Nr. 2:** ....

....

....

- **Wow-Moment Nr. 3:** ....

....

....

- **Wow-Moment Nr. 4:** ....

....

....

- **Wow-Moment Nr. 5:** ....

....

....

W
X
Y
Z

DENKEN SIE GROSS!

Lieben Sie mehr. Leben Sie mehr. Trauen Sie sich mehr ... Nur so geben Sie Ihrem Dasein den Raum, den es verdient. Versuchen Sie, nicht kleinlich zu sein. Üben Sie sich in Großzügigkeit.

Wie werden Sie in den nächsten Tagen mehr Freigebigkeit zeigen?

....

....

....

....

....

Welchen Projekten werden Sie mehr Raum gewähren?

....

....

....

....

Yin und Yang

Suchen Sie Ihr Gleichgewicht: Hören Sie auf Ihren Körper. Versuchen Sie zu verstehen, wie Sie funktionieren, Ihr Rhythmus, Ihre Energie. So finden Sie heraus, in welchen Momenten Sie mehr Yin, das „Weibliche" (z. B. intellektuelle Tätigkeiten, Lektüre, Selbstreflexion, Milde, Ruhe, Kälte), oder mehr Yang, das „Männliche" (z. B. sportliche oder körperliche Betätigung, Action, Nervenkitzel, Extraversion, Hitze) benötigen …

- Einen Mittagsschlaf machen   Yin
- Kochen   Yang
- Am Computer arbeiten   Yin
- Mit den Kindern spielen   Yang
- Zeichnen/Schreiben   Yin
- Mit den Kindern spazieren gehen   Yang

Beschreiben Sie typische Aktivitäten aus Ihrem Alltag. Können Sie ein gutes Gleichgewicht zwischen Yin und Yang feststellen?

.... **Yin/Yang**

.... **Yin/Yang**

.... **Yin/Yang**

.... **Yin/Yang**

.... **Yin/Yang**

Summe Yin ....   **Summe Yang** ....

Was scheint Ihrem Gleichgewicht im Moment zu fehlen?
Wie können Sie es wieder herstellen?

....

....

Zen

Wir sind alle noch längst keine buddhistischen Mönche. Aber 100 % derjenigen, die es versuchen, haben die Möglichkeit, ihrem Ideal ein Stückchen näher zu kommen!

Wie bringen Sie mehr Zen in Ihr Leben?

- **Machen Sie sich zügelloses Verhalten bewusst (Wut, Traurigkeit, Nörgelei ...).**
- **Arbeiten Sie daran, über den Dingen zu stehen.**
- **Geben Sie dem wirklich Wichtigen mehr Raum.**
- **Verlieren Sie niemals Ihre Werte und Ihre Ziele aus den Augen.**

Notieren Sie Ihre guten Vorsätze:

....

....

....

....

....

....

....

....

Ziele

Legen Sie möglichst genau Ihre **Ziele im Leben** fest. Behalten Sie sie immer im Auge.

Schreiben Sie sie Schwarz auf Weiß auf. Stellen Sie ihnen einen **konkreten Plan** gegenüber, wie Sie diese Ziele erreichen möchten. Unterscheiden Sie zwischen kurzfristigen, mittelfristigen und langfristigen Zielen.

Ihre Ziele:

- **kurzfristig:** ....

....

- **mittelfristig:** ....

....

- **langfristig:** ....

....

Wer kann Ihnen helfen, diese Ziele zu erreichen?

❑ **Freunde**

❑ **Familie**

❑ **Coach/Therapeut**

❑ **Ausbildung**

❑ **Finanzielle Mittel**

❑ **Partnerschaft**

❑ **Andere:** ....

Wie stellen Sie sich Ihr Leben idealerweise in fünf Jahren vor:

....

....

Zyklus

Das ganze Leben besteht aus Zyklen – das berühmte **Gesetz der Vergänglichkeit der Dinge. Nichts ist für die Ewigkeit.** Weder das Glück, noch das Unglück. Indem man diesen Grundsatz verinnerlicht, fällt es leichter, die weniger guten Momente anzunehmen, weil man weiß, dass darauf gute Momente folgen werden! Das Rad dreht sich eben immer weiter und auf den Regen folgt Sonnenschein …

Wir kennen den Kreislauf der Jahreszeiten, die Umlaufbahnen der Planeten, den Zyklus des Lebens … **Alles ist in ständiger Bewegung und in kontinuierlicher Entwicklung.** Trotzdem gibt es in uns etwas Unveränderliches, Ewiges, das nicht mit Zeit und Raum in Verbindung steht: **das tiefe Selbst, unsere Seele.** Um diese andere Bewusstseinsebene zu erreichen, können wir uns mit den Lehren Buddhas beschäftigen, mit Meditation oder anderen spirituellen Gebieten …

Woran denken Sie bei dem Begriff Zyklus in Ihrem Leben?

Was beobachten Sie?

....

....

....

....

....

....

....

Persönliche Notizen

W
X
Y
Z

Epilog

Unter all den **Denkanstößen** in diesem Buch wählen Sie diejenigen aus, die Sie am meisten ansprechen, und daran arbeiten Sie.

Nehmen Sie sich nicht zu viel vor. Machen Sie besser weniger, aber dafür richtig. Das Wichtigste ist, dass Sie an einigen Ihrer guten Vorsätze zur Veränderung festhalten und nicht einknicken!

Mein guter Vorsatz für die Gesundheit:

....

....

....

....

....

Mein guter Vorsatz für den Job:

....

....

....

....

....

Mein guter Vorsatz für mein Liebesleben:

....

....

....

....

Mein guter Vorsatz für mein Sozialleben:

....

....

....

....

Mein guter Vorsatz für die Familie:

....

....

....

....

Ich, ...,

**erkläre hiermit, dass ich diese Verpflichtungen einhalten
und alle notwendigen Schritte unternehmen werde,
um diese Veränderungen zu erreichen.**

...., den ....

Unterschrift: ....

10 Notfall-Tipps mit Sofortwirkung

1. Nehmen Sie Empfindungen an.

Lehnen Sie sie nicht ab. Akzeptieren und beobachten Sie sie wie ein Außenstehender. Lassen Sie negative Gefühle wie eine graue Wolke am Himmel vorüberziehen.

Falls nötig, schütten Sie Ihr Herz einem Stapel weißer Blätter aus und werden Sie los, was Sie beschäftigt. **Lassen Sie los! Lassen Sie geschehen:** Heute ist nicht alles super, aber es wird nicht immer so bleiben. Vor allem nicht, wenn man etwas unternimmt …

2. Ändern Sie Ihre körperliche und geistige Haltung.

Auch wenn Sie das Gefühl haben, etwas vorzugeben: Lächeln Sie, halten Sie sich gerade, als ob ein Faden Ihren Kopf nach oben ziehen würde. Sobald Sie Ihre Körperhaltung verändern, verändert sich auch Ihr Geist.

3. Ruhen Sie sich aus, machen Sie einen Mittagsschlaf.

Es geht einem oft sofort besser, sobald man geschlafen hat.

4. Gönnen Sie sich etwas.

Ein Magazin, ein Accessoire, ein leckerer Snack …

5. Schenken Sie einer Person oder einer Sache Ihre Liebe.

Das ist ein Ausweg aus der schlechten Stimmung.

6. Laufen, Spazieren gehen, wenn möglich, genießen Sie die Natur.

7. Achten Sie auf Ihr Gedankenkarussell.

Stoppen Sie die negativen Gedanken. Versuchen Sie, an nichts zu denken oder positive Sätze zu wiederholen: „Es wird funktionieren. Ich habe Vertrauen. Alles wird gut ..."

8. Tun Sie etwas, das Ihnen Kraft gibt.

Malen, Lesen, Musik hören, ins Kino gehen …

9. Treffen Sie Leute oder telefonieren Sie.

Bleiben Sie nicht allein und grübeln vor sich hin.

10. Tun Sie Ihrem Körper etwas Gutes.

Ein Bad, ein Tee, eine Massage, eine Streicheleinheit, eine Dehnübung, Entspannung, Aufatmen.

Raphaëlle Giordano arbeitet als Coach und zertifizierte Beraterin. Die von ihr gegründete Einrichtung „Émotone" berät Unternehmen in den Bereichen Kreativität/Innovation, Kommunikation, Teambuilding und Stress-Management.
Als Absolventin eines Studiums in Angewandter Kunst bringt sie ihre Kreativität in ihre pädagogischen Konzepte und ihre Publikationen ein. Sie ist Autorin der Reihe „Les Secrets du Docteur Coolzen" und des Romans „Dein zweites Leben beginnt, wenn du verstehst: Du hast nur eins!", ein Bestseller in Frankreich.

Heel Verlag GmbH
Gut Pottscheidt
53639 Königswinter
Tel.: 02223 9230-0
Fax: 02223 9230-13
E-Mail: info@heel-verlag.de
www.heel-verlag.de

© der deutschen Ausgabe:
2019 Heel Verlag GmbH

© First published in French by Mango, Paris – 2012

Originaltitel: 100% Bonheur
Original-ISBN 9782317016509

Text: Raphaëlle Giordano
Layout: Catherine Le Troquier
Illustrationen: iStock und Shutterstock

Deutsche Ausgabe:
Übersetzung: Hanna Schmitz
Satz: Heike Pöhlmann
Projektleitung: Hanna Schmitz, Hannah Kwella
Coverdesign: Ralph Handmann

Printed in Slovakia

ISBN 978-3-95843-885-9